沃晟学苑 ———— 编著

保险
精准营销

电子工业出版社.

Publishing House of Electronics Industry

北京 · BEIJING

内 容 简 介

随着保险行业的飞速发展，客户形态日趋多元化，客户需求也逐渐呈现出个性化、特殊化、高端化的趋势。本书汇集了13类客户的用户画像、销售方法论与经典案例，系统阐述了保险营销员在这一趋势下把握客户并实现成交的策略与方法。通过阅读本书，保险营销员可以精准掌握向目标客户销售保险的沟通要点、展业方法，并通过借鉴13位保险销售大咖成交保单的思路与方法，制定属于自己的销售策略，找到适用于自己的销售技巧，从而为客户提供更好的服务，提高成交保单的概率。

图书在版编目（CIP）数据

保险精准营销 / 沃晟学苑编著. -- 北京 ： 电子工业出版社，2022.1（2025.9重印）
ISBN 978-7-121-42321-5

Ⅰ．①保… Ⅱ．①沃… Ⅲ．①保险业－市场营销学 Ⅳ．①F840.41

中国版本图书馆CIP数据核字（2021）第229026号

责任编辑：王小聪
印　　刷：鸿博昊天科技有限公司
装　　订：鸿博昊天科技有限公司
出版发行：电子工业出版社
　　　　　北京市海淀区万寿路173信箱　邮编：100036
开　　本：787×1092　1/32　印张：9.5　字数：238千字
版　　次：2022年1月第1版
印　　次：2025年9月第9次印刷
定　　价：66.00元

凡所购买电子工业出版社图书有缺损问题，请向购买书店调换。若书店售缺，请与本社发行部联系，联系及邮购电话：（010）88254888，88258888。

质量投诉请发邮件至zlts@phei.com.cn，盗版侵权举报请发邮件至dbqq@phei.com.cn。

本书咨询联系方式：（010）68161512，meidipub@phei.com.cn。

本书作者

彭静瑞　冯　鹜　谭　啸

张　剑　汪　恒　钟志政

梁　磊　闫雪丹　李厚豪

杨宁昱　杜　涛　启　东

张璐璐

沃晟学苑
— W School —

精准营销，从这里开始

"客户有很多风险点，可我不知道该从哪里入手。"

"以前从来没有接触过这样的客户，完全不知道该怎么办。"

"有钱的客户越来越多，但成交好像越来越难。"

…………

如果您在工作中遇到过类似的困惑，那么，恭喜您，与这本书相遇了。

作为保险营销员，很多人都有这样的感觉——保险行业发展得太快，客户形态和客户需求日趋多元化，以往的销售技能与现在的行业越来越不匹配，面对日新月异的行业形势、不断涌现的新型客户、令人眼花缭乱的客户需求，想提升销售技能，却不知道该从哪里入手。

事实上，这并非某一群人的困惑，而是所有保险营销员在这个时代共同面对的难题。

的确，保险行业发展得太快了，但我们如今所感知的"快"

只是一个开始，在未来，它将发展得更快。瑞士再保险研究院于2019年发布的一份报告显示：未来10年到15年，中国将成为全球最大的保险市场，客户需求也将呈现出个性化、特殊化、高端化的趋势。

对于广大的保险营销员来说，这无疑是一个好消息，但正在飞速前进的保险行业也会对保险营销员提出更高的要求。

"工欲善其事，必先利其器。"问题的关键是显而易见的，保险营销员要想适应行业发展，就必须针对保险市场将会出现的个性化、特殊化、高端化的趋势，不断提升自己的专业技能。对此，结合保险行业的发展趋势和保险营销员提升业务能力的需求，我们沃晟学苑经过一番精心准备，推出了这本《保险精准营销》。

在本书中，我们请来了13位保险销售大咖，一同为大家展现针对中小企业主、移民跨境客户、富二代、拆迁户、网红明星、富太太、企业家、精英女性、职业投资者、年轻白领、宝妈、中年男性、普通投资者等13类客户的保险营销要点。在对每一类客户进行总体分析的基础上，梳理出具有方法论性质的营销流程，并对每一类客户中有代表性的个案做了精准分析。当然，出于保护客户隐私的目的，我们已对个案做了相应修改。到这里您可能会想，中小企业主也可以是移民跨境客户啊，宝妈没准儿还是个拆迁户呢！没错，每一类客户都可能有多重身份，我们之所以做这样相对单一的分类，是为了从不同的角度来阐释保险营销方法，以便保险营销员在面对客户时能够多角度思考，更精准地找到客户的需求。

　　具体到每一章，我们将其分为四部分：第一部分为认识客户，对客户群体的总体特点进行分析；第二部分为展业流程，由销售大咖根据多年的展业心得，为大家讲解一般性的销售方法和过程；第三部分为案例复盘，可以说是对展业流程的战术演示；第四部分为展业心得。我们不敢说这是营销哲学，但说它是具有指导意义的方法论，应该不算夸大。

　　多年来，保险行业的发展和保险营销员素质的提升，一直是沃晟学苑的关注重点。通过对保险知识的学习，很多学员成了业内的佼佼者，他们的每一次成长、每一次进步，都让我们深刻感受到自己的努力是有价值的。这是我们的收获，也是推动我们继续前进的动力。保险行业的发展是无限的，每个保险营销员的发展也是无限的，但无限的前提是不断提升自己的能力，为自己赋能。我们希望，这本《保险精准营销》能为大家无限的发展前景增添一抹亮色，提供一点帮助。

　　"由于某些原因，书中难免有所不足，希望读者谅解"，许多书的序言里都有这样的话。我们在这里重复这句话，并不是因为无法免俗，也不是过度的自谦。坦率地说，我们不认为有任何一套方法可以适用于所有人，在销售这个行业，从来就不存在放诸四海而皆准的套路。他山之石，可以攻玉，我们在书中提供了很多销售方法，不是要大家照抄照搬，而是希望大家能借鉴老师们的思路和方法，创造出属于自己的销售套路，总结出适用于自己的销售技巧——这样的套路和技巧，才是您走向无限未来的最强武器。

　　当然，如果您想获得更多的专业信息，或者想分享自己的独到见解，欢迎您扫码关注沃晟学苑微信公众号，与我们多多交流，共同进步。

骐骥一跃，不能十步；驽马十驾，功在不舍。

与读者诸君共勉！

沃晟学苑

2021 年 6 月 15 日

目录
Contents

第1章　中小企业主

本节老师：彭静瑞

>>>1.1　认识客户

根据中国招商银行发布的《2021 中国私人财富报告》，2020年，中国高净值人群的数量达 262 万人，其中"创富一代企业家"占 25%。根据恒大研究院发布的《中国民营经济报告：2019》，2017 年全国企业法人单位数为 1909.77 万个，其中民营控股企业占 97%。

通过上述数据我们可以发现，中国存在着一个基数庞大的中小企业主群体。

我国对"中小企业"的定义比较复杂，因此如何界定"中小企业主"也就成了一件复杂的事。我们这里不做学术上的探讨，仅仅出于方便保险营销员辨别、展业的目的，把中小企业主简单定义为"可投资资产在 1000 万元人民币以内、拥有的企业规模不大的企业主"。

相对于资产规模庞大的大型企业家，中小企业主这个群体有自己的特点。

中小企业主客户的五大特点

特点一：企业资产规模较小

中小企业主之所以被称作"中小"，就是因为企业的资产规模较小。哪些企业可以被称为"中小企业"呢？具体可以参看工业和信息化部、国家统计局、国家发展和改革委员会、财政部于2011年联合印发的《关于印发中小企业划型标准规定的通知》。

企业规模小，意味着这些企业主的收入跟资产量不是很高。一些小微企业主的收入也就比普通工薪阶层高一点而已，甚至比不上大企业的高级雇员。

特点二：抗风险能力较差

我们可以从两个层面来看抗风险能力。

从企业层面来看，规模越小，对风险的抵抗能力就越差。2020年突如其来的新冠肺炎疫情，致使大批中小企业倒闭，就是活生生的例子。

从家庭财富风险层面来看，中小企业主家庭的主要资产及收入来源，往往都是企业主拥有的企业，因此企业一旦发生风险，其家庭资产势必大幅缩水，收入大大降低。

特点三："赌徒心理"较重

中小企业主的企业资产规模较小，所以他们的经营重心是快速扩大企业生产规模，赚更多的钱。这种"急于做大"的心态在中小企业主中普遍存在，导致这个群体中的不少人抱有"赌徒心理"。在关键时刻，比如商业机会或者经营危机出现时，他们会用家庭资产做抵押，往企业里注入资金。

中小企业主大都是敢打敢拼的人，在创新、创业方面这是优点，但在经营的过程中，这种做法却有极大的风险。一旦"赌"输了，很可能就会落得个倾家荡产的结局。

特点四：非常关注收益

大家都知道财富周期分为创富、守富、传富这三个阶段。中小企业主一般资产规模不大，尚处于创富阶段，所以他们普遍关心收益的问题。对于这一点，很多保险营销员可能都有体会，在向中小企业主推销保险时，他们往往更青睐于收益高的产品，如果收益率达不到心理预期，他们就会兴致不高。

特点五：家企不分

家业、企业不分，可以说是部分中国企业主群体面临的共性问题，而在家企不分问题上中小企业主群体表现得尤为严重、普遍。这是由主观、客观两方面原因造成的。主观方面，中小企业主处于创富阶段，急于求富，会通过各种操作最大限度地赚取利益，包括把家庭资产拿来当"赌本"；客观方面，中小企业普遍面临的融资难题，也在一定程度上迫使中小企业主时常把家业注入企业中。

企业经营状况不错的时候，家业、企业不分还不会有太大问题。然而，一旦企业陷入债务和税务危机，家企不分就会成为威胁企业主家庭资产的一枚"定时炸弹"。

中小企业主客户的两大财富风险

普通财富风险	特有财富风险	
子女婚姻财富风险 个人养老风险 未来家产传承风险 ……	企业自身的风险	企业经营风险 企业税务风险 企业债务风险 ……
	与家业相关的风险	企业未来的传承风险 企业债务牵连家产的风险 ……

中小企业主的财富风险，可以分成两部分：一部分是跟其他群体类似的普遍财富风险；一部分是在中小企业主中最突出的特有财富风险。

普遍财富风险，包括子女婚姻财富风险、个人养老风险、未来家产传承风险等。这些风险都比较常见，别的著述中有详细解说，我在这里就不再赘言了。

中小企业主的特有财富风险，主要是跟企业有关的财富风险，还可以分为两个方面：第一个方面是企业自身的风险，包括企业经营风险、企业税务风险、企业债务风险等；第二个方面是跟家业相关的企业风险，包括企业未来的传承风险、企业债务牵连家产的风险等。

在这些风险中，最严重、最普遍的，也是我们保险营销员最好切入的，就是"家企混同"的风险。一来，这类风险在中小企业主身上普遍存在，跟他们聊，他们肯定感兴趣；二来，这个风险一旦变成现实，危害特别大，一个不小心，不仅多年打拼积累的企业、家业荡然无存，而且本人和家人还要背上巨额债务，可以说是一枚"深水炸弹"，不得不防。

》》》 1.2 展业流程

经常有保险营销员问我一个很经典的问题：现在卖保险为什么越来越难了呢？

这个困惑相信大多数保险营销员都有过，不仅现在的保险营销员是这样，过去以及未来的保险营销员都会这么问。实际上，保险销售难，不是因为时代变了。每个时代都有人卖保险卖得好，也有人一张保单都卖不出去。问题出在方法上。

我个人认为，保险销售之难在于建立正确的营销模式。在讲解正确的营销模式之前，我们先看看四种普遍存在的营销误区：对客户信息缺乏了解、单方面为客户创造需求、把保险当成"大力丸"来卖、以产品收益为主要卖点。

保险营销的四个误区

营销误区一：对客户信息缺乏了解

说到这一点，很多保险营销员可能不服气："我肯定了解客户信息啊，不了解的话，怎么能给客户做计划呢？"这话没错，然而许多保险营销员对客户的了解，仅仅局限在设计计划书的层面，或者说了解的信息只够在计划书上填写基本要素：谁做投保人，谁做被保险人，谁做受益人。

其实，客户的收入情况，包括收入水平、收入结构怎么样，工作情况怎么样，是自己创业还是打工，是收入稳定还是存在风险，有什么兴趣爱好，在投资方面有什么偏好，对未来有没有规划，是怎么规划的……诸如此类的问题，都需要我们深入了解。否则，我们不仅无法找准客户的真实需求，还会导致跟客户见面时出现一种尴尬的场面：三句话不离保险产品，客户很烦，虽然保险营销员想聊些其他话题，却无话可聊，只能硬着头皮"尬聊"。

营销误区二：单方面为客户创造需求

什么叫"创造需求"？客户本来没有某方面的需求，保险营销员靠自己的猜测，主观认为客户一定会有这方面的需求，这就叫创造需求。

什么叫"单方面"？保险营销员凭着自己的主观臆测，不清楚、不考虑客户的真实情况，一厢情愿地认定客户有某些需求。

这样造成的后果是什么呢？保险营销员推荐的产品，并不匹配客户的真实需求，客户不签单再正常不过了。

这里需要注意，创造需求与激发潜在需求表面上相似，本质上完全不同。激发客户的潜在需求，说的是客户的需求是真实存在的，只是他自己没发现，需要我们保险营销员来告诉他。这样的潜在需求也是客户的真实需求，而创造需求则是保险营销员臆想的虚假需求。

营销误区三：把保险当成"大力丸"来卖

保险营销员常见的第三个营销误区是，把保险当成了可以包治百病的"大力丸"，认为客户的什么问题都可以用保险来解决。实际上保险没有那么神奇，一种保险产品只能解决一种或者几种需求。

把保险当成"大力丸"去卖，逮到谁都热情地推销，最好的结果当然是恰巧"撞上"了，保险产品跟客户的需求正好匹配。如果产品没有"撞上"客户的需求，被客户拒绝了，还不是最坏的结果。最坏的结果是：客户的需求与保险产品不匹配，但客户架不住你的热情推销还是买了，买了之后又后悔，选择退保乃至投诉。

之所以存在这种误区，根源还是保险营销员没有找到客户的风险点，不知道怎么给客户配置最合适的保险产品，于是只能把保险当成"大力丸"到处兜售，希望"撞上"一个是一个。

营销误区四：以产品收益为主要卖点

很多保险营销员在向客户介绍保险时，总是把产品的收益摆在第一位，翻来覆去地讲自己的产品能赚多少钱，收益率有多高。但保险的本质是保障，是对风险的转移，对损失的补偿，与市场上的其他金融产品相比，它的收益在更多时候反而是短板。

比如大家认为最容易出大单的年金保险，收益率为4%~5%，保障期动辄十几年甚至终身，领取时间最早也要从第五年起，而货币、债券基金不仅能够达到同样的收益率，甚至可以更高，取用也更加灵活。

如果保险营销员将产品收益作为主要卖点，也就难怪非常关注利益的中小企业主客户以及资产丰厚的高净值客户不感兴趣了，毕竟市场上收益高又灵活的金融产品多得是。

建立以需求为导向的营销模式

了解了保险营销的四个误区，接下来我们就要搞清楚什么才是正确的营销模式。

保险产品的营销模式有很多种，包括以产品为导向的营销模式、以销售为导向的营销模式、以服务为导向的营销模式和以需求为导向的营销模式。

在这四种营销模式中，绝大部分保险营销员都经历过以产品为导向的阶段。尤其是刚入行的保险营销员，公司在培训时教了什么话术，自己了解什么保险产品，他们就给客户推销什么，也不管产品是不是符合客户的真实需求。只要你问，他们的回答都是"我们公司的产品最好"。

还有部分保险营销员是以销售为导向，不管客户需不需要，都会采取一切办法把保险卖出去。为了获取高佣金，有的保险营销员甚至不惜误导客户，胡编乱造。这种营销模式在一定程度上破坏了保险市场的形象，也助推人们形成"保险都是骗人的"这种负面的印象。

选择以服务为导向的营销模式的保险营销员，可能没有多么专业的知识和能力，但他们是维护客情关系的好手，会把大量的时间花费在"讨好"客户上，信奉"只要关系到位，就没有我卖不出去的保险"。

以上三种营销模式，其实都忽略了客户本身，没有针对客户的需求提供合理的产品规划方案。这就可能导致客户买了自己根本不需要的保险，然后选择退保或者投诉保险营销员，甚至从心底里不再信任保险。

真正正确的保险营销模式，应当以客户的需求为导向。也就是说，保险营销员要站在客户的角度，细致地分析客户的需求，从而引导客户选择相应的风险保障，利用保险工具来转移风险。

为什么需求这么重要呢？看看下面这个买水的例子，你就能明白了。

一瓶普通的矿泉水，超市里通常卖2元。

假设高速公路上，你的车因水箱烧开停在路边。这时候有人问你："矿泉水10元一瓶，要不要？"你肯定要买，而且还可能会多买几瓶。

再假设你被困在沙漠里，三天三夜没有水喝，这时候一瓶矿泉水卖1万元，你买不买？肯定买！那10万元呢？100万元呢？此时不管对方要多少钱你都会答应的，因为水在那时就是无价之宝。

同样是一瓶矿泉水，价格差别却如此之大，原因就在于需求不同。

超市里2元的矿泉水，满足的是解渴的需求。如果卖贵了，客户就会选择其他的替代产品，比如可乐、啤酒。同理，为什么很多保险营销员跟客户谈保险的产品收益不容易成交呢？因为客户有其他更好的产品可以替代。

高速公路旁10元的矿泉水，满足的是降温的需求。如果矿泉水卖50元一瓶、100元一瓶，可能就没人买了，因为这个需求并不紧急，客户完全可以等到水箱慢慢降温了再开走。保险销售行业也是如此，你会发现有些客户购买的保单的保额和自己的需求不匹配，你希望客户多配置一些，客户却告诉你："不着急，再等等。"这是因为客户认为没有必要在现在这个时候，花这么多钱去做一件很久以后才能看到回报的事。

但是，如果客户着急办事，没时间等水箱降温，那么这瓶矿泉水哪怕是 50 元、100 元，甚至更高的价格，他也会买。也就是说，客户愿不愿意买账，取决于其需求急不急。

沙漠里的天价矿泉水，满足的是保命的需求。人的性命是最重要的，不管花多少钱买水都值得。同样，保险营销员在销售保险时，如果发现客户有重大财富风险，而保险产品能够解决这些风险，那么客户对保险产品的需求就是巨大的，也就不会纠结时间和收益问题了。毕竟比起收益，财富的安全才是第一位的。

通过这个买水的例子，我们不难看出，营销的核心是客户的需求，客户的需求越强烈，产品的营销就越顺利。卖保险也是如此。以需求为导向的保险营销模式，才是正确的营销模式，也是最容易成交保单的营销模式。

当然，这种营销模式对保险营销员的要求也是最高的。保险营销员不仅需要有足够的保险专业知识，还要有一定的经济学、法学、社会学、医学等其他学科知识。只有知识和能力都到位了，才能快速发现客户的真实需求并匹配相应的产品。尤其是面对有一定资产量的中小企业主客户或资产量丰厚的高净值客户，只有找准他们的财富需求，对方才会坐下来认真听你的保险方案。

以需求为导向的营销模式，是所有保险营销员转型和发展的方向。中国银行保险监督管理委员会（以下简称银保监会）数据显示，截至 2019 年年底，我国保险营销员数量已达 900 万人，这个数字意味着保险营销员之间的竞争将更加激烈，业绩差距也会越来越大。因此，提高自己的专业水平，掌握正确的营销模式以提高成交率，是保险营销员急需去做的。

>>> 1.3 案例复盘

我曾经面谈过一位胡姓企业家，他开始并不明确自己的保险需求，最后成功签单，第一年所交总保险费（以下简称保费）就有近400万元。下面我就和大家来复盘整个保单成交过程，分享如何激发高端客户的需求，进而成功签约大额保单。

我们都知道，营销的第一步，也是最基础的一步，就是了解客户KYC[①]信息。然而，很多保险营销员往往会忽视这一点，要么收集的信息少得可怜，要么大量信息没有得到验证，甚至有些信息是保险营销员自己主观臆测的。

在这样的情况下与客户面谈，大概率会以失败而告终。因此，第一步的客户KYC信息收集尤为重要。

客户KYC信息

胡先生，40岁，是一家建筑公司的老板，已婚。配偶胡太太今年38岁，是全职太太。两人生育了两个孩子，女儿10岁，在上小学；儿子3岁，美国国籍，在国内上幼儿园。胡太太和女儿

---

① KYC（Know Your Customer），即了解你的客户。

三年前开始申请美国 EB5 投资移民，已经开始排期，移民公司预测，她们还需要 5~6 年才能拿到绿卡。

客户的资产情况不清楚，只知道他比较有钱。夫妻二人的感情状况也不清楚，只知道胡先生每个月回家 1~2 次，多数时间在外地的公司工作。

在客户 KYC 信息中，有一个非常重要的信息——财富目标。胡先生的财富需求比较独特，他希望转移一部分资金到美国，作为妻女在国外的生活费用。这就是客户的显性需求，是需要我们保险营销员帮助他解决的问题。

我要提醒大家，在不明确客户财富需求的情况下，尽量不要贸然与客户见面。因为如果你不知道客户的需求，很可能客户自己也不知道。这就需要保险营销员认真分析客户信息，找到客户的潜在需求，在面谈过程中加以引导，促成签单。如果你找不到客户的真实需求，就无法有效地推销保险，很可能浪费了一个优质的客户资源。

客户信息分析

对待客户信息，我们绝不能仅仅停留在表面，而是需要做详细分析。

经过分析，以下四个问题，是我尚未找到答案，需要在接下来的面谈过程中观察和询问的。

问题一：夫妻的婚姻状况

胡先生人到中年，事业与家庭都很稳定。然而他常年在外地，太太则全职在家，聚少离多，两地分居的生活方式很容易产生婚姻问题。因此，在接下来的面谈当中我需要进一步观察夫妻二人的感情状况，评估客户是否存在婚姻风险。

问题二：儿子的国籍问题

3 岁的儿子为什么是美国国籍呢？是故意为之，还是另有隐情？我与这位客户是在 2018 年接触的，那么他的儿子就应该是在 2015 年出生的。那个时候我们国家的计划生育政策还没有放开，这个孩子很可能是夫妻二人为了要二胎而特意去美国生的，由此他直接获得了美国国籍。但这一点只是我的猜测，还要向客户确认。

问题三：胡先生本人的移民问题

胡太太和女儿在申请美国移民，儿子本身又是美国国籍，这说明客户有全家移民到美国的想法，那么胡先生本人是否打算移民？其家庭的移民顺序又是怎么安排的呢？

问题四：个人资产向海外转移的问题

胡先生的财富需求，既不是资产增值，也不是资产保值，而是资产的转移，这决定了面谈的主要方向。然而，资产的转移，特别是个人资产向海外转移，会受到很多政策限制，并且市场上的金融工具基本都不具备这种功能。如何满足客户转移资产的需求，是我们要仔细思考的问题。

其实像胡先生这样的中小企业主客户，在市场上还是比较常见的。他们有一定的资产量，比普通人有钱，但与高净值客户相比又不算有钱，没有太复杂的家庭关系，也不到需要资产传承的阶段，子女教育、家人健康也都不成问题。

很多保险营销员觉得这类客户非常难把握。年金保险的收益率，客户看不上；对于终身寿险，客户暂时又没有迫切的需求。

归根结底，这还是因为没有找准客户的需求。所以，我们在针对中小企业主客户做保险营销时，做好客户 KYC 信息的收集与分析非常重要，而对于没有得到验证的客户信息，一定要在面谈过程中进行确认。

客户面谈过程

面谈前的分析和准备，都是为实战面谈而做的预备工作，但是"作战"计划做得再详细，也需要我们根据实际情况随机应变。所以，面谈准备的是思路，而不是具体该怎么说，死记硬背话术是没有用的。我的思路是通过提问、分析客户风险，找到客户的真实需求，引导客户重视资产保全，从而将客户的视线带到保险产品上。

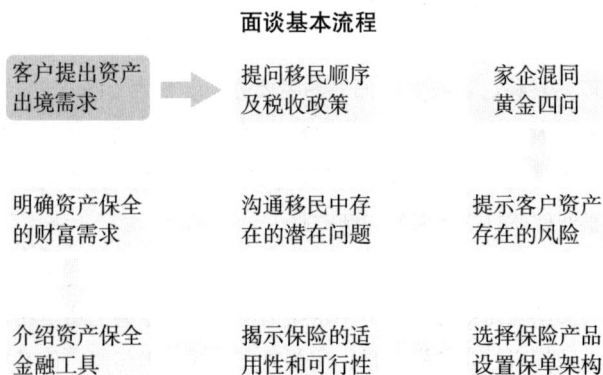

面谈基本流程

客户提出资产出境需求 ➡	提问移民顺序及税收政策	家企混同黄金四问
明确资产保全的财富需求	沟通移民中存在的潜在问题	提示客户资产存在的风险
介绍资产保全金融工具	揭示保险的适用性和可行性	选择保险产品设置保单架构

与客户见面是在一个细雨纷纷的上午，胡先生夫妻二人准时来到约定地点，二人穿着某运动品牌的情侣款服装，十指紧扣地走了进来。看到这一幕，我脑海中第一时间想到了那个尚未得到答案的问题——夫妻二人的婚姻状况如何？两人虽然分居两地，聚少离多，但看起来感情非常好，相处也十分甜蜜。在与客户后期的接触过程中，二人的表现也印证了他们确实感情融洽，不存在婚姻风险。

互相自我介绍之后，胡先生明确说出了他的财富需求。他希望一部分资产能够给妻子带到美国生活用，所以想要了解如何通过财富规划来实现。

将部分个人资产转移到海外是个棘手的问题。从当下的外汇管理制度来看，胡先生的要求基本上是无法实现的。可是如果我直接这么说，客户很可能会一下子丧失沟通的兴趣，我想要营销的保险产品也就无从说起了。

所以我没有直接回答客户的问题，而是向客户问了三个问题。

问题一："胡总，您刚刚说到家里人准备移民，那您家里移民的顺序是怎么安排的呢？是全家一起移民，还是妻儿先移民呢？"

胡总回答："我太太和女儿先移民，我等过些年快到退休的年龄了再考虑移民。"这其实是典型的中国家庭移民方式——妻儿先移民，作为经济支柱的先生则继续在国内赚钱。通过这点我发现，客户的移民方案是经过专业人员指导的。

这里保险营销员要注意，与客户沟通时，一轮问答以后，一定要有另一轮问答作为衔接，否则就会出现"尬聊"的场面，客户也会觉得你的问题没有意义。

问题二：**"您的移民方案是非常正确的，但胡总您是否知道美国的税收公民政策呢？即使您本人没有办理移民手续，也有可能成为美国税收公民，这样会导致您国内的资产也要缴纳美国的税。"**

胡总说："这一点我是知道的，移民公司告诉过我如何保证不被征收美国税。"

前两个问题与资产转移有些关联，目的是和客户先交流一下，避免气氛太紧张。

问题三：家企混同黄金四问

我的第三个问题才是真正的关键，也是最终的目的。因为胡先生是经营企业的，除了有缴纳美国资本利得税①的可能性，还可能存在大部分中小企业主都普遍存在的"家企不分"的问题。所以，第三个问题是一个问题组合，我称之为"家企混同黄金四问"：

（1）您经营企业给不给自己发工资？

（2）是否存在用个人账户收取企业账款的情况？

（3）是否存在不通过分红将企业利润拿回家的情况？

（4）是否存在从企业借款长期不还的情况？

这四个问题，就是中小企业经营中最常见的问题，同时也是高发风险。

胡先生对这四个问题的回答基本都在我的意料之中。他的企

---

① 美国资本利得税：美国联邦政府对企业出售或交换资本性资产而获得的收益征收的一种税。以出售或交换股票、债券、机器设备和房地产等资本性资产的企业为纳税人，按出售或交换资本性资产的实际收入减去资产原账面价值后的余额作为计税依据，实行比例税率，税率为28%。

业在经营中存在比较严重的家企不分现象，而且其从事的道路桥梁建设行业风险比较大，一旦企业出现债务纠纷，甚至破产，带来的风险可能是致命的。

找到了客户的风险点，就可以顺着往下发掘客户的保险需求了。此时需要我们帮助客户进行分析，来揭示客户可能存在的风险。我是这样切入的：

胡总，您刚刚四个问题的答案，表明您的企业存在比较严重的家企不分现象。虽然说现在看来没有什么问题，但是您是从事道路桥梁建设的，这个行业的风险我想您比我清楚。一旦发生债务纠纷甚至破产，有很大可能您需要用家产来清偿企业的债务。

刚才，我们谈到了您的太太和女儿还有5~6年才有可能拿到绿卡，而在这期间您的企业会面临什么情况，谁都不能预测。太太和女儿到时是否能够按时拿到绿卡？那时女儿已经14~15岁，是否能适应美国的生活，还愿不愿意去美国？面对这一系列的不确定，您选择现在将大量资产向海外转移，真的是明智之举吗？

听完我的这番分析，胡先生陷入了思考。接着我告诉他，现阶段最重要的不是考虑怎么把钱带出去，而是考虑怎么把钱保住。如果钱保都保不住，又怎么谈转出去呢？

得到了胡先生的认可后，我知道已经成功激发了他潜在的财富隔离需求，因此决定将后面的谈话围绕资产的保全展开，顺利地将客户的需求与金融产品联系在一起。

激发了客户的财富隔离需求之后，还要给客户提供解决方案。此时不能直接向客户介绍保险产品，这么一来就变成了卖产品，会让客户产生非常不好的感受。能起到财富保全作用的金融工具不只有保险，还有家族信托、保险金信托，我们要把这几个工具都介绍给客户，让客户自己做选择。

我首先告诉客户，想做好现有资产的保护与风险隔离，可以选择家族信托，它的隔离保护功能比较好。当然，它也存在一些问题，比如门槛较高，需要资产证明等。胡先生的资产量是没有问题的，但是无法拿出完税证明，这就决定了他无法通过家族信托来实现财富目标。对于胡先生这类客户，因他们大都无法开具完税证明，从而导致他们与家族信托失之交臂。

当然，天无绝人之路，没法做家族信托，可以用保险金信托来实现这一诉求。恰巧，我所在的公司有保险金信托的业务。然而，保险金信托必须先投保人寿保险，同时，人寿保险通过架构的设置也是可以实现资产保全规划的。由此，我就将客户的注意力转移到了保险产品上。

保险产品方案

那么该如何规划保险产品，才能实现胡先生的财富目标呢？我提供的具体方案如下：

第一份保单——年金保险

由胡太太的母亲作为投保人（胡太太的母亲未超过70岁），为胡太太10岁的女儿投保年金保险（女儿超过8岁，未满18岁）。隔代投保的好处有三点：

（1）胡先生夫妻二人都不在保单内，此份保单不作为可被执行的婚姻资产。

（2）年金作为女儿生活学习的资金，即使移民后也可通过购汇①出境使用。

（3）保单由胡太太的母亲代持，所以该保单不作为女儿的婚姻资产。

第二份保单——终身寿险

由胡太太的母亲作为投保人，为胡太太投保高现价终身寿险，身故受益人为胡太太的儿子。这样设置保单架构的好处有：

（1）胡太太的母亲作为投保人代持保单资产，胡太太作为终身寿险被保险人没有任何收益，保单现价不可被执行。

（2）高现价终身寿险，可以由胡太太的母亲贷款将现价贷出使用，提高资产的收益。

（3）胡太太去世后，由外籍的儿子受益，方便资产出境。

第三份保单——终身寿险

由胡先生的父亲（非常幸运，胡先生的父亲这一年是 65 岁）给胡先生投保一份低现价终身寿险，身故受益人为胡先生的儿子。这样设置保单架构的好处有：

（1）胡先生的父亲作为投保人代持保单资产，胡先生作为终身寿险的被保险人没有任何收益，保单现价不可被执行。

（2）胡先生是全家的经济支柱，低现价终身寿险可以提高胡先生的身价，确保发生风险后家庭成员的生活。

---

① 购汇：用人民币购换成外币支付的一种行为。购汇是转账交易，是用账户上的本币兑换外币，相当于外汇买卖，兑换后的外币还在账户上或银行卡上，不提取现金。

（3）胡先生去世后，由外籍的儿子受益，方便资产出境。

3张保单的交费期均为3年。较短的交费期是为了快速隔离资产，每年近400万元的保费，3年内就隔离了上千万元的资产，无论胡先生以后是否移民，这种保单架构都达到了资产保护的财富目标。

⟫⟫⟫ 1.4 展业心得

对于中小企业主客户的营销，我有几点心得和大家分享。

第一，客户KYC信息是一切营销的前提。保险营销员需要广泛收集客户的信息，每个信息点都会加深你对客户的了解，了解得越深入，成交概率就越高。同时，通过分析客户的信息来发现客户的需求点。

第二，与普通客户不同，中小企业主客户有一定的资产量，简单地以产品收益来打动客户是行不通的。这类客户的需求点更多集中在法商层面，例如家企隔离、婚姻资产规划、财富传承等。这就要求保险营销员熟练掌握法商知识，才能发现客户的需求。

第三，在与客户的沟通中，不要跟着客户的思路走。多数客户关注的是产品收益，而保险的收益性相对于股票、基金等是比较弱的，我们应更多地从保险的保障作用方面来启发客户。有法商层面需求的客户，一般都不具备法商知识，需要保险营销员通过提问的方式来启发。提问，一方面可以加强我们对客户的了解，另一方面也让客户在问答中逐步发现自己的问题。

　　第四，中小企业主客户的保险营销并不困难，公司有什么保险产品也不是最重要的，重要的是保险产品能帮助客户解决什么问题，以及保险营销员如何证明给客户看。客户购买的其实不是保险产品，而是它能带来的"好处"。如果你销售的"好处"是保险产品的收益，那么结果多半是失败的。但如果你销售的"好处"是资产保护和安全隔离，结果就不一样了。

第2章 移民跨境客户

本节老师：冯骜

》》2.1 认识客户

2020 年新冠肺炎疫情席卷全球之后，在国际经济形势普遍不景气的情况下，中国率先控制住疫情，迅速使经济恢复常态。与此同时，中国高净值人群及可投资资产持续增长。《2021 中国私人财富报告》显示，2018 年至 2020 年，中国高净值人群数量年均复合增长率为 15%；2020 年，中国高净值人群共持有 84 万亿元人民币的可投资资产，年均复合增速为 17%。

高净值人群的资产一般具有非常强的流动性，在全球经济一体化的大背景下，他们的资产流动也往往具有明显的全球性。与此同时，跟随着资产的全球性流动，这些高净值人群的身份也越来越多地具有全球公民的特征。

2021 年高净值人群对财富持续增长的需求依然强烈，他们同时还在考虑境内外资产，家庭不同成员，不同类型动产、不动产，股权等综合资产规划和安排。也就是说，除了"保证财富安全"与"创造更多财富"这两个最重要的财富目标，"境内外一体化资产配置"成了高净值人群关注的新财富目标。

然而，由于不同国家、不同地区的发展水平、经济政策等条件不同，高净值人群的资产在流动过程中面临的风险也比较大，主要表现在不同国家税收和法律的复杂性上。

在展业过程中，我们难免会遇到一些需求大、知识结构很丰富的高净值客户，与他们面谈时，我们甚至找不到切入点。在我看来，这是由一个核心原因造成的——我们的知识储备不够，缺乏自信。虽然我们想和客户沟通资产配置，却很难达到客户对专业度的要求。

基于工作的平台，我为中国众多银行的私人银行服务，接触过天南地北、形形色色的高净值客户，他们从事的行业五花八门，对医疗、家企双规法律护航、企业 / 个人税务筹划、移民跨境投资、子女教育等都有需求，对家庭成员的身份国属也有跨境筹划。其中，移民跨境客户就是对保险营销员专业水平要求较高的一类，如果你想用保险产品为他们做好资产配置的规划方案，就得尽量做一个知识丰富的人。我们的专业知识体系越完善，工作时就越自信，和客户交流时才会如行云流水。

很多保险营销员一听到"知识丰富"这几个字就怵了。要做到知识丰富是不是很难呢？其实不难，我们只要做到知识面广泛，和客户有得聊即可。如果客户在某方面需要更专业的服务，我们完全可以牵线联络专业人士来对接。

针对移民跨境客户，保险营销员在工作中具体该怎么开展工作呢？我们先来看看这类客户有哪些特点。

成交概率高的移民跨境客户特点

特点一：资金相对宽裕且不是法院判决的被执行人

一般情况下，移民跨境客户不常面临紧急大笔开支，手中有充裕的流动资金。我们为他们做保险规划的思路，要建立在客户手中有"弹药"的前提下，所以客户掌握相对充裕的资金是非常重要的。如果不具备这个前提，那么我们只能对客户持续追踪。

当然，也有些移民跨境客户，手中有充裕的资金，但是面临着被法院执行的风险。对这样的客户，我们是不能操作的，否则会被认定为协助客户恶意转移财产。而这也正是我们反复强调保险、家族信托、保险金信托要提前筹划安排的原因之一。因为临时抱佛脚，任何工具都很难"显灵"。

特点二：移民或者置业在有遗产税的国家

如果我们的客户拥有境外的绿卡（外籍人口永久居住许可证），并且移民或者置业的国家有遗产税／赠与税／继承税制度，那么这类客户往往会非常关注财富传承话题。目前世界上征收遗产税的国家或地区有 100 多个，典型的代表是美国、英国、日本、韩国、中国台湾地区。

有些国家虽然没有遗产税，但是会变相征收，典型的代表是加拿大、澳大利亚。它们都对多套房产的传承视同出售，用所得税代替遗产税。

所以，如果我们的客户移民或者置业在这些国家，也就给我们提供了切入保险产品、谈论财富传承话题的条件。

特点三：有财富传承及相关税务的考量

这些客户会考虑资产传承的法定障碍，以及财富传承的税务成本。这些顾虑对于我们而言就是切入保险产品的契机，我们可以从金融资产合理配置入手去解决客户的顾虑，通过人寿保险、家族信托、保险金信托等工具的"他人受益"架构设计，巧妙解决财富传承、税费筹划问题。

特点四：年龄集中在 35 岁以上

从接待过的客户看，我发现移民跨境客户的年龄虽然分布较散，但绝大多数在 35 岁以上，他们拥有很好的知识储备，有国际化视野，多是出于对子女教育、对自己人生规划的考虑，才做了移民的决定。

特点五：认可专业知识的价值

移民跨境客户都非常看重专业知识。他们希望了解境内外法律、税务政策的差别，关心如何全方位掌握"游戏"规则，避免自己因知识缺乏而造成损失。年轻的移民跨境客户更关注如何赚取更多财富，但他们也会操心如何去平衡资产配置的安全性、收益性及流动性。

⟫⟫2.2 展业流程

面谈准备环节

根据 OECD[①]《共同申报准则》以及中国《非居民金融账户涉税信息尽职调查管理办法》，可投资金融资产在 100 万美元及以上的个人，即可视为高净值人群。也就是说，在中国只要可投资金融资产在 600 万元人民币及以上，即可被视为高净值人群。目前，国内很多银行的私人银行也把高净值客户的门槛定为 600 万元人民币，高于这个标准的客户，都会被它们拉入自己的私人银行部门进行统一管理。

2021 年 2 月发布的《2020 方太·胡润财富报告》显示，中国拥有 600 万元人民币可投资资产的家庭数量为 180 万户，拥有千万元人民币可投资资产的家庭数量为 108 万户，拥有亿元人民币可投资资产的家庭数量为 7.7 万户。这些高净值人群主要生活在中国的超一线城市、省会中心城市或者经济发达城市。

相对于中国 14 亿的总人口基数来说，高净值人群是一种非常稀缺的资源。正因为稀缺，所以我们每次接待高净值客户时，都要非常珍惜这种宝贵的交流机会，必须做好充分的"硬件"和"软件"准备。

---

① OECD，即经济合作与发展组织。

"硬件"准备

我们见客户的时候，要展现出最饱满的精神状态，着装得体，发型干净利落，指甲务必修剪整齐、保持干净。这样做的目的是，见到我们的第一眼，就让客户感觉专业、靠谱。

"软件"准备

我一般会做四件事：

（1）送即将见面的客户一份随手礼，就是我们团队之前出过的书籍，比如《家族财富保障及传承》《CRS 全球新政实操指南》等。

这些书籍能够增加客户对我们的专业水平的信赖，而且书中涉及大量的案例，客户能从中看到自己的影子。通常情况下，收到随手礼后，客户就会对面谈产生期盼心理。我把这个环节叫作"暖场热身"。

（2）给即将见面的客户发一份话题调查表格，列举客户想要了解的法律、税务、资产配置等所有的热点问题。比如，针对移民客户，我会罗列这些问题：全家移民和部分家人移民的利弊；移民国的所得税、赠与税、遗产税解读；外汇管制下资金出境途径风险防范；如何利用金融工具做好节税规划……客户对哪些问题感兴趣，就在表格上打钩，这样我便提前收集到了客户感兴趣的话题，明确了面谈内容的准备方向。

（3）获取客户信息。KYC 表格的内容，包括客户的资产、家庭成员、企业信息、国籍身份信息等。

（4）根据收集到的客户信息，整理沟通提纲。简单来讲，就是提前"打草稿"。针对客户的情况，整理出沟通要点，做到心中有数。

做以上这四件事的目的，是让我们在见到客户之前，就做到知己知彼。这样等到真正见面的时候，才不会因为对彼此不熟悉而陷入"尬聊"的境地。

面谈的前期准备工作是非常重要的，我建议保险营销员永远不要去做无准备的沟通，尤其面对高净值客户，否则既是浪费客户的时间，也是浪费自己的时间。

客户沟通环节

在面谈之前做好了充分准备，我们就可以精神饱满地会见客户了。

在客户沟通环节，保险营销员要切记——我们最想卖给客户的产品，往往并不是客户最迫切需要的产品。所以，这里我建议保险营销员运用"顾问式营销"的方式来与客户沟通。

什么是"顾问式营销"呢？

"顾问式营销"是指站在专业角度和客户利益角度，提供专业意见、解决方案以及增值服务，使客户能对产品或服务做出正确选择，发挥其价值，同时建立客户对产品或服务的品牌提供者的感情及忠诚度，这有利于进一步开展关系营销，达成长期稳定的合作关系，实现战略联盟，从而形成独树一帜的市场竞争力。

看到这个定义，你可能已经明白，"顾问式营销"的思路就是先漂亮地解决客户关心的问题，再把客户引导到我们想阐述的保险产品上来。

所以我与客户沟通的时候，如果用时 1 小时，那么前 55 分钟基本上都是在解决客户关心的问题，最后的 5 分钟才转移到金融资产保险方案上。如果没有前面 55 分钟的沟通，客户是听不进去最后 5 分钟的内容的。

>>> 2.3 案例复盘

这一节，我会把我在上海某银行与客户面谈的成功案例分享给大家，希望能够给在做移民跨境客户服务的保险营销员一些帮助。

面谈当天，是我、银行客户经理和客户三个人一起见面沟通的。客户沈女士着装、谈吐、举止非常优雅，她事先看过我们出版的书，并且告诉我书里的内容解答了她很多问题，因此她也非常期待和我见面洽谈。因为沈女士是带着有针对性的问题来沟通的，所以整个面谈过程没有废话。

我把这样的见面沟通定位为"非常完美的开始"，一方面客户期待和我见面，另一方面客户有明确的问题亟待解决。

那什么是"不完美的开始"呢？如果客户一头雾水地来见我们，就好像是被突然抓来聊天，什么问题都没有，这就属于失败的开场。

面对沈女士这种类型的客户，我会着力营造一个非常专业、高效的沟通氛围，因为沈女士喜欢这种风格，我也喜欢这种可以直接让客户看到我们诚意和专业实力的谈话方式。当

然，如果客户非常爱聊生活，那你可以选择多做一些寒暄的
铺垫。

客户基本信息

在展业流程部分，我提到在与客户见面之前，可以根据已知
信息列出沟通提纲。以下是我在与沈女士面谈前整理的内容：

沟通提纲

分类项目	客户情况	沟通要点
家庭成员结构及身份	沈女士，41岁，父亲已过世，母亲68岁，丈夫年龄不详，儿子11岁，女儿7岁。沈女士一家四口均为中国国籍，持有美国绿卡，夫妻关系和谐	因为客户家庭和谐，所以本次沟通应聚焦知识内容，不要涉及任何婚姻风险提示，否则可能会引起客户反感
名下房产及企业资产信息	上海有一套房产，总价值4000万元人民币；美国纽约有两套房产，总价值约400万美元。客户的父亲生前是7家公司的股东或董事长，产业经营规模上亿，估测客户每年会有较多分红或股息收入	客户经历过父亲过世资产的传承，可就此话题与客户交流财富传承在中、美两国面临的手续、税费成本
名下金融资产信息	客户及其母亲在该银行的金融资产近3000万元人民币，客户总资产预估在1亿~2亿元人民币	与客户沟通打理这些金融资产如何兼顾安全性、流动性、收益性，以及如何能免税传承

续表

分类项目	客户情况	沟通要点
客户关心的话题	1.财富传承环节，中、美两国纳税成本和规划路径；2.国内财富传承应注意哪些风险；3.美国财富传承应注意哪些风险	客户关注的核心问题，就是我们与其沟通的重点。只要漂亮地解决客户的顾虑，我们就能赢得客户的信任

在沟通提纲中，我整理了客户情况及沟通要点，包括客户的家庭成员结构及身份、名下房产及企业资产信息、名下金融资产信息，以及客户关心的话题。

客户需求分析

沈女士的主要需求在于了解中、美两国财富传承的税费成本、存在风险及应对方案。那么，我们就明确了与沈女士沟通的重点：财富传承的税费成本。

沈女士之前经历过继承父亲遗产的过程，发现办理继承手续非常麻烦，尤其是在继承父亲的企业股份时，不仅要办继承权公证手续，还要看父亲的企业公司章程是否有相关限制条款。我发现沈女士在这方面有一定的知识储备，所以我们的沟通直奔主题，不用再做基本知识的普及。

首先，我梳理了一下中国财富传承和美国财富传承分别面临的风险点：

中国财富传承风险

目前中国是没有遗产税的，但是未来是否会有并不确定。2020 年 5 月颁布的《中华人民共和国民法典》（以下简称《民法典》），增加了遗产管理人制度，这意味着中国也跟美国一样，都有了遗产管理人制度。从某种角度看，这或许也为未来中国开征遗产税埋下了伏笔。

美国财富传承风险

美国是有遗产税的国家。美国的遗产税一般分联邦税和州税两种。有的州没有州税，但有联邦税。2018 年，因为特朗普的税务改革，联邦遗产税的个人免税额已达 1100 万美元，很多人认为自己的资产低于免税额，即使有美国身份也不需要关注遗产税。事实上，联邦遗产税的免税额是经常浮动的，在 21 世纪初为 100 万美元，2018 年之前为 500 万美元。而且，如果是非美国公民或者没有美国绿卡，免税额只有 6 万美元。[1]

以下是我整理的与客户沈女士的沟通要点。

要点一：美国税收居民

客户已举家取得美国绿卡，是美国的税收居民，全球的收入都需要申报给美国，在美国纳税。有些朋友可能知道，美国的税收居民分为三种：

第一，取得美国护照的人，就是取得美国国籍，成为美国税收居民的人。

---

[1] 资料来源：李晓薇，《浅谈美国遗产税》。

第二，取得美国绿卡的人。美国绿卡包含临时绿卡和永久绿卡，无论取得哪种绿卡，都是美国税收居民。

第三，在美国停留天数比较多的人。比如，某人在一个自然年度内（1 月 1 日至 12 月 31 日），在美国待满了 183 天，那么他在当年就是美国的税收居民。只要是美国税收居民，他的全球收入都需要申报给美国，当然也要面临美国的遗产税。

要点二：美国复杂的遗产税

从 1916 年美国颁布法律，征收联邦遗产税起，美国的遗产税征收历史已有上百年，而且执行方式非常复杂。美国有联邦遗产税，有些州有州遗产税，还有些州有继承税，请大家务必分清楚这两个概念。

遗产税与继承税

遗产税	继承税
遗产税意味着税款由被继承人缴纳，即谁去世谁缴纳。税款从遗产份额里面扣除。美国的遗产税分为联邦遗产税和州遗产税（部分州无遗产税）	继承税则正好相反，税款由继承人根据继承财产的份额多少缴纳相应的税款

客户沈女士的资产雄厚，未来很大概率是要面临美国的传承税费成本问题的。

首先，我们来看美国联邦遗产税。美国税收居民——包括像沈女士这样持美国绿卡的人士——一旦去世，其名下的全球资产要缴纳美国遗产税。2020 年美国联邦政府遗产税起征点是 1156

万美元，税率最高为40%，由美国联邦政府征收。

此外，沈女士在纽约有两套房产，美国的汽车驾照也登记在纽约，那么她会被认定为纽约州的税收居民，而纽约州也有自己的遗产税征收。

有些朋友可能有疑惑，美国联邦政府不是已经征收了遗产税，怎么州政府还要再征收呢？是的，联邦遗产税是归联邦政府的，纽约州还会征收州政府的遗产税。2019年美国纽约州遗产税起征点是574万美元，不但低于美国联邦遗产税的起征点，税额也是相当高的。

谈到这里，客户一身冷汗。她说之前只知道美国有遗产税，不知道还分得这么细致。

美国遗产税征收制度

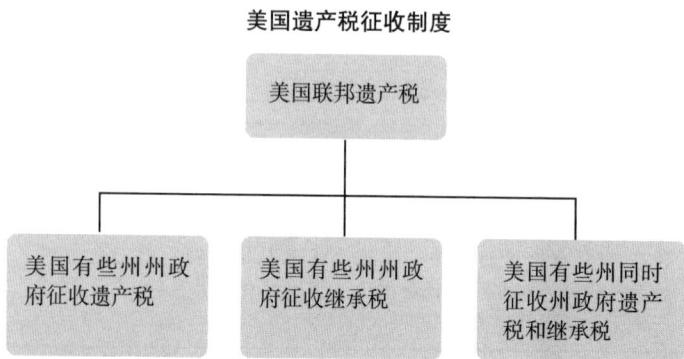

要点三：**涉外财富的传承风险应对策略**

沈女士非常关注涉外财富的传承，因此我提供了有关美国财富传承风险的应对策略：

1. 建议客户多花钱

美国人的消费欲望强烈，基本上不攒钱，不仅挣到钱就花，还用信用卡提前消费。我鼓励沈女士多花钱，目的是让她通过高消费降低货币持有量，以达到免征遗产税的资格。但沈女士对这个建议没有兴趣，更倾向于保全和传承财富。这也就为我们后期深入沟通保险配置做好了铺垫。

2. 建议客户提前把财富赠送给别人

建议客户提前把自己的财富赠送给别人，与别人分享自己的财富，这样遗产自然就少了。沈女士对此兴趣不大。

3. 建议客户多做慈善

建议客户多做慈善，给指定慈善机构的捐款是不需要缴纳遗产税／继承税的。针对慈善，美国的税收也通通开绿灯让路。沈女士对此兴趣也不大。

4. 建议客户做信托

建议客户将美国的资产做不可撤销信托或者继承信托（irrevocable or bypass trusts），这样可以实现联邦政府和州政府的遗产税税收筹划。客户对此比较认可，但是觉得在美国找律师设计信托费用高昂，而且操作复杂。相比之下，她对简单方便、易于操作且不需要额外费用的规划更感兴趣。

5. 建议客户去没有遗产税和继承税的州生活

建议客户去没有遗产税和继承税的州生活，毕竟在美国绝大多数的州政府是不征收遗产税和继承税的。但沈女士对此表示没有兴趣，她只喜欢上海和纽约。

提供解决方案

我们跟客户具体介绍了美国遗产税征收政策后，客户出于对传承成本的考虑和担忧，迫切希望能够得到一些切实可行的规划方案。

此时，我们就可以切入保险产品了。通过人寿保险产品降低财富传承的税费成本，是中、美两国高净值客户一致认可的方案。

我给客户设计的保险架构方案如下：

投保人	被保险人	身故受益人
·沈女士	·沈女士	·沈女士的丈夫（等孩子成年后再做受益人变更）

这一保险架构方案的优势主要有以下两点：

优势一：实现中国所得税免征和美国所得税纳税递延

在这一年金险保单中，沈女士自己做投保人和被保险人[①]，保单资产的掌控权始终在她手中，保单设置了万能账户，意味着这份保单在沈女士生前的红利及年金收益全部归投保人所有。

沈女士好奇地问我，如果她从保险公司取得了收入，要不要在中国和美国缴纳个人所得税。

在中国，目前从保险公司取得的收益是免税的，保险公司也没有代扣代缴义务。而在美国，如果沈女士领取的钱超过了她投入的全部保费，就会面临保险收益被当作收入申报给美国的

---

① 本书中年金险的年金受益人均默认为被保险人。

情况。

接着，我给客户简单举了个例子：

假如一个美国人（或者持有美国绿卡的人），在中国买了一份保险，年交保费 100 万元，累计交费 5 年，共交纳保费 500 万元。全部保费交纳完毕后，他从保险公司领了 100 万元年金或红利，这 100 万元就是不需要缴税的。因为按照投入产出比来看，他还亏了 400 万元，没有实现真正意义上的收益，自然也就没有纳税的义务。然而，当他从保险公司领到的钱超过 500 万元——比如领了 501 万元——的时候，他就得到了真正意义上的收入。在这样的情况下，多出来的 1 万元会被认定为收入，需要在当年进行税务申报。

解决问题的方法是显而易见的，如果案例中所说的这个美国人的收入能够充分满足消费需求，那他就没有必要从保险公司领取年金或者红利，而且把钱放在保险公司，时间越长，复利计息收益就越高。如果想领取年金或者红利，可以等退休后没有其他收入时再领，这时候即使领取的年金或红利超过了交纳的全部保费，但综合收入对应的税率也会非常低，这也就实现了纳税递延且合法避税。

听了这个例子，沈女士表示，她只希望这笔钱可以顺利地给到子女，自己生前不考虑太多取用。

优势二：实现财富传承

在客户基本信息中，我们看到沈女士的两个孩子都没有成年，因此我建议她当下将丈夫作为保单的身故受益人，等将来孩子成年后，再把身故受益人改为两个孩子，这样更为稳妥。

如果现在就将孩子作为身故受益人，假如沈女士不幸发生意外，未成年人拿到保险公司的理赔金，还是要交给其法定监护人——爸爸管理。客户一听这个分析，也对我们能够换位思考，站在客户的立场规避潜在风险非常认同。

通过这样一个架构设计，客户的两个孩子未来能够从保险公司定向领到保险金，不但保险金的金额大于投保金额，而且不管在美国还是中国，身故保险金都不属于受益人的收入，可以避免缴纳个人所得税。最重要的是，未来孩子们继承沈女士夫妇名下的房产和企业时，就可以用这笔保险理赔金去缴纳继承税了。

我们通过对保险架构三个天然的法律主体——投保人、被保险人、受益人的合理安排，完美实现了财富的定向传承。投保人始终拥有保单的控制权，所有收益均归投保人所有；如果被保险人发生意外，那么身故受益人将直接获得保险金，省去了走法定继承程序的麻烦，既省心，又安心。

客户也认为这一方案易于落地，愿意进一步看一下保险计划书。

》》2.4 展业心得

跟客户洽谈资产配置，我觉得它类似于足球场上的排兵布阵，我建议采用"4-4-2"战术。

第一个"4"指的是充分的前期准备，永远不打没有准备的仗。

第二个"4"指的是和客户沟通过程中要字字中肯，有理有据，不说废话，树立绝对的专业形象。

第三个"2"指的是对保险产品的解读与规划，我在与客户沟通过程中涉及保险的话题占比不多，我追求的是自然而然的水到渠成，这样的沟通是最舒服的。

我坚信，保险营销员在未来服务高净值客户的时候，一定是专业制胜。在专业扎实的基础上，增加服务的温度，做到专业与服务的完美结合，一定能够赢得客户的信赖。

改革开放 40 多年，中国的法制建设达到了里程碑式的新高度，各行各业都面临着提升专业度的市场需求。这无疑是件好事，既能让我们凭本事、拼能力成交保单，也能使得保险行业焕发新的生机与活力。

第3章　富二代

本节老师：谭啸

≫3.1　认识客户

　　财富传承历来是困扰人类的一个难题，葡萄牙有"富裕农民—贵族儿子—穷孙子"的说法，德国有"创造—继承—毁灭"的说法，在中国则有一句人尽皆知的话——"富不过三代"。"富二代"卡在三代中间，与葡萄牙的"贵族儿子"、德国的"继承"相对应，但与"贵族儿子""继承"不同的是，"富二代"是21世纪才出现的一个具有中国特色的名词，通常指中国改革开放以来第一批民营企业家的子女，在英文中被标为"silver-spoon"（银匙）或者"the second-generation rich"（第二代富人）。

　　作为一个特殊的群体，富二代的形象在21世纪前20年经历过坐过山车一般的变化。

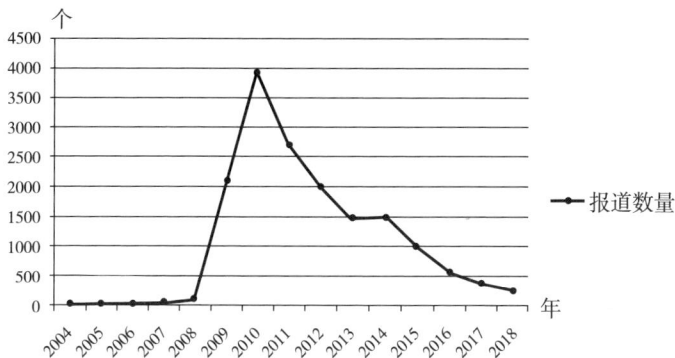

"独秀学术搜索"中 2004—2018 年对富二代的新闻报道数量趋势图

2004 年,《中国新闻周刊》首次对富二代做了专题报道。2007 年,《鲁豫有约》做了一期《我是富二代》节目,最早将富二代的形象带入荧屏。2008 年,因为全球性经济危机的爆发,很多民营企业遭到冲击,此前比较小众的富二代群体,以民营企业继承人的身份渐渐进入大众视野。① 在此期间,他们的形象是正面的,往往被塑造成有思想的一代、成功的创业者、优秀的产业继承人。然而,2009 年杭州飙车案发生后,他们的形象急转直下,沦为媒体报道中的平庸者、犯罪者、蛮横者、炫富者。尽管近年来大众对富二代的关注度有所降低,一些报道中的富二代也表现为成功者或者普通人的形象,但总体而言,大众对富二代的评价依然是偏向负面的。

在这些海量的报道中,有不少中立公正的报道,但也有些

---

① 马希. 框架理论视角下"富二代"媒介形象的嬗变 [D]. 武汉:华中师范大学,2019.

报道是经过修饰的，热衷于呈现读者"想看到的事实"，而不是"客观的事实"。那么，作为保险营销员，我们应该怎么看待富二代群体呢？我将结合相关数据，对富二代的群体特点做一些分析。

富二代群体的特点

特点一：年轻化、高学历

2009 年，《中国青年报》采取问卷调研、个案访谈等形式，发布了国内首份富二代调研报告。该报告显示，富二代的主力为"80 后"，研究生学历以上的占 17%，本科学历的占 78%；52% 的人有海外留学经验。

特点二：守富能力和创富能力堪忧

在这方面，富二代可以分为四种类型：第一，知识成功型，约占 20%，能够通过努力学习专业知识，担负起接班人的重任并获得成功；第二，纨绔子弟型，约占 50%，挥霍无度，坐吃山空；第三，顺其自然型，约占 18%，退而守业，缺乏创富意愿；第四，父衰子落型，约占 12%，还没接手上一代人的资产，上一代人就衰落了。[①]《福布斯》发布的一项中国家族企业调查报告显示，完成家业交接的家族企业中，第二代人的经营状况明显不如第一代人。

---

① 萧仁. 中国"富二代"敢问路在何方？[N]. 东方体育日报，2009-6-3.

特点三：观念上与上一代人存在比较大的冲突，普遍面临着家业传承的问题

富二代最大的压力并非来自物质，而是来自上一代人的期望。他们被上一代人寄予了很大的期待，但他们当中的很多人有西化特征，在生活经历和企业经营观念上与上一代人有很大的不同，普遍不愿走上一代人的老路，尤其不愿经营实业。2013 年，全国工商联、中国民营经济研究会、中山大学、浙江大学等多家单位联合发布《中国家族企业发展报告》，在 3000 多个对调研做出回应的企业中，只有 19% 的企业主子女有接班意愿。

特点四：圈子比较固化，群体认同感比较强

富二代的圈子一般比较固定，圈内的成员出身、资产基本在同一水平线上，其他阶层的人很难进入。作为圈内人，富二代群体也乐于通过一些社会活动来强化自己的身份认同，比如一起创业、一起赛车。[1]

特点五：消费观念激进，对金钱几乎没有概念

富二代当中有勤俭上进的案例，但总体而言，这个群体的消费观念比较激进，热衷于美容、养生、保健、购买豪车豪宅等高消费行为，有的人在学生时代每月生活费就多以万计。对他们来说，金钱只是数字。2012 年出版的《财富们怎么想：中国富二代调查报告》显示，名下拥有一辆私家车的富二代占 33%，拥有两辆私家车的占 59.3%，拥有三辆及以上的占 7.8%。[2]受海外富二代

[1] 张正刚. 富二代群体社会评价分析 [J]. 现代交际，2016(01)：68-70.
[2] 陶铸，于一. 财富们怎么想：中国富二代调查报告 [M]. 北京：中国友谊出版公司，2012.05.

留学生的影响，福布斯网站甚至在"中国投资指南"特辑中加上了"如何嫁个有钱的中国人"的投资条目。

对于富二代群体，我们不必做伦理道德上的评判，千人千面，对他们做一刀切的判断难免失之偏颇。作为保险营销员，从富二代的群体特征中，我们至少可以归纳出三个对我们的营销工作有利的特点：第一，富二代属于高净值人群，具有成为我们的大客户的天然优势；第二，富二代的圈子较为封闭，找到一个切入点或许就能找到提升我们业绩的突破口；第三，富二代比较缺乏财富保全和财富传承意识，这是我们可以发挥专业价值的地方。

▶▶▶ 3.2 展业流程

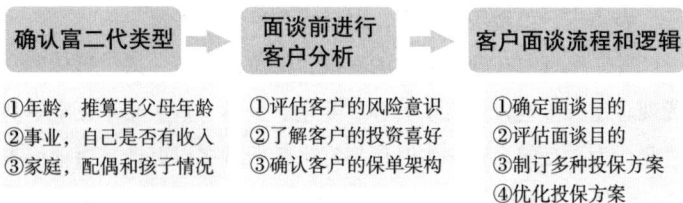

确认富二代类型 ➡	面谈前进行客户分析 ➡	客户面谈流程和逻辑
①年龄，推算其父母年龄 ②事业，自己是否有收入 ③家庭，配偶和孩子情况	①评估客户的风险意识 ②了解客户的投资喜好 ③确认客户的保单架构	①确定面谈目的 ②评估面谈目的 ③制订多种投保方案 ④优化投保方案

确认富二代类型

根据我的工作经验，富二代大致可以分为两种类型：一种是"纯粹的富二代"，另一种是"新型富二代"。二者的共同点是资产都来自父母的赠与或者家族传承。二者的不同点是前者的财富规划观念和创富意识很单薄，虽然在某些领域也有事业或者投资，但往往是受圈内人的影响跟风创投；后者有一定的财富规划观念和创富意识，在事业上也有一定的建树，但对财富保全和财富传承的认识有待提升。

与富二代客户进行初步接触时，保险营销员首先要判断他们属于哪一种类型，是否有自己的事业，在金融领域是否有投资。除了对这种群体有针对性的了解，我们还得对他们进行常规性的了解，比如他们的家庭状况、是否有配偶、是否有孩子等，以便于为保单架构做合理设计。

面谈前进行客户分析

展业流程的第二步，是在掌握基本信息的基础上对客户进行三个方面的确认。

评估客户的风险意识

"风险"这个词具有多种含义，通常情况下，它被用来描述结果不确定的状况。[①]

财富越多的人，投保意愿越强，这是一个常识。因为在面临相同风险的时候，财富越多，遭受的损失可能就越多。比如在影视行业不景气的时候，一个大型影视集团遭受的损失肯定要多于一个电影院的老板。但是就我个人的工作经验来看，这个常识对

---

① 哈林顿，尼豪斯. 风险管理与保险 [M]. 陈秉正，周伏平，译. 北京：清华大学出版社，2005.

富二代不是很适用，他们中很多人对保险缺乏认识。用通俗的话解释，这是因为他们有得到财富的捷径，所以不太明白赚取财富的常态是与风险搏斗。对应到经济学和保险学当中，这种表现就是，大量的财富反而降低了他们规避风险的意识。举个例子，一个资产 10 万元的人大概率会购买保险，用以规避可能损失 5 万元的风险，但资产 1 亿元的人却大概率不会为相同的事情而购买保险。

针对富二代的这个特点，我们需要做的，是对他们的风险意识做一个初步评估，再根据不同的等级制订建议书。富二代的风险意识大致可以分为三个等级：（1）无风险意识，或者风险意识很淡薄。（2）风险意识一般，有大众性的保险需求。（3）风险意识比较强，看重财富保全和传承。

了解客户的投资喜好

投资产品是多元化的，有现金类、固收类、权益类、保障类，等等，不同的产品对应着不同的风险。因此，投资喜好是我们判断客户风险意识的标尺。在对客户的风险意识做出初步评估的基础上，了解投资喜好有利于我们对客户的风险意识形成更加精确的认识，也有利于我们在后续工作中有针对性地为客户推荐保险产品。

确认客户的保单架构

每一张保单都有三个主体——投保人、被保险人、受益人。根据保险产品的不同，这三个主体往往被对应到不同的角色上，有时候被对应为最安全的人、最危险的人、最需要照顾的人，有时候被对应为掌握财产的人、消耗财产的人、保全财产的人，有时候又被对应为资产状况最健康的人、资产状况最脆弱的人、没有谋生能力的人……与客户打交道的时候，虽然我们不会说得这么直白，而是用投保人、被保险人、受益人这样的简化称谓，但保险主体基本上都清楚地知道自己所对应的角色是什么。在对应的角色涉及敏感或忌讳话题的时候，有的客户会表现出抵触情绪。为富二代客户设计保单架构时，保险营销员必须格外注意他们在架构中处于什么样的主体位置，要照顾他们的心理感受。

客户面谈流程和逻辑

富二代拥有大多数人所没有的财富自由，有更多的机会张扬自己的性格，是个性比较鲜明的社会群体。如果你在工作中与富二代打过交道，你就会发现，富二代多多少少都有以自我为中心的性格特征，不太顾及——有时候甚至完全无视——别人的感受。此外，21 世纪前 20 年，因为长期暴露在媒体的镁光灯下，被贴上了一些有偏见的标签，他们对此有些反感，很在乎别人对他们的观感。简而言之，这个群体有些矛盾，既享受财富赐予的便利，又不愿将自己置于财富的阴影下；既过着幸运儿的生活，又不愿被别人视为幸运儿；既以自我为中心，又很在意别人的看法。

因此，在面谈过程中，我们必须注意措辞，照顾他们的心理感受，不要让他们觉得被保险营销员"盯上"，是因为他们在财富方面正处于危险之中，或者在未来将会遇到很大的风险。这会让他们联想到一些不愉快的标签，比如纨绔子弟、败家子、二世祖，等等。相反，我们应该让他们感受到尊重和理解，使他们产生这样的意识——任何人都会遇到风险，保全财富和传承财富是一种积极主动的行为，而非消极被动的行为。

明确这一点，是与富二代客户进行面谈的前提。每个客户都有各自的特点，对于在随后展开的面谈，我们很难像拆解机器组装说明书中的步骤一样拆解它，规定第一次面谈怎么做、第二次面谈怎么做……但大体上来说，我们可以把面谈划分成四步。

第一步，根据对客户的信息调查确定面谈目的。当然，这只是我们的单向判断，不一定是正确的，但这对我们的工作有一定的指导作用。

第二步，与客户进行接触后，评估初期目的，判断它是否与事实有偏差。如果在前期接触的过程中，我们发现初期目的是正确的，那就继续沿着原来的路前进；如果初期目的是错误的，或者发现客户有其他连自己也没有察觉到的潜在目的，那么我们就应该及时对工作目的做出调整。

第三步，根据修正后的工作目的，激发客户的投保意愿，制订多种保险方案。

第四步，提供保险方案，请客户做出选择，并根据客户的需求，优化客户最为中意的方案。

⟫⟫⟫ 3.3 案例复盘

下面，我来给大家详细复盘两个案例。这两个案例的最终成交结果分别为总保费1000万元的"年金险＋万能账户"，以及总保费1500万元的终身寿险。

在展业流程部分，我已经说过，向富二代客户销售保险，需要先确定其类型，了解其家庭状况、事业状况、投资状况等，并且需要评估他们的风险意识、投资喜好，以便搭建保险架构。

案例中的这两位富二代客户，我前期收集到的信息相对单一，只能在有限的信息中挖掘购买点，因此在面谈过程中就需要格外细心地去引导他们，挖掘他们的潜在风险。这也是我将他们作为重点案例的原因。

案例一：纯粹的富二代

客户基本信息

女，海归，28 岁，已婚未育，丈夫也是富二代。该客户目前没有工作，平时喜欢开着豪车和丈夫一起游山玩水，交友聚会。她有 1800 万元的现金流，主要用来买大众型的银行理财产品、配置基金，但谈不上有什么投资策略，看见朋友投资什么，自己也投资什么，常态收入靠父母转账，朋友圈里有人购买了海外高端医疗保险，但她没有购买。

分析以上信息，我们可以得出：（1）客户年少多金，没有风险意识。（2）财富主要靠父母赠与，没有创富需求，属于纯粹的富二代。（3）没有子女，教育和养老问题都不着急。（4）理财知识不足，基本上没有投资策略可言，但可能存在保全财富的需求。（5）没有企业，不存在家企混同债务风险。（6）可能存在婚内资产专属性需求。（7）可能存在海外高端医疗保险需求。

方案准备

通过分析客户的基本信息，我们可以看到，客户没有很明显的风险点，投保意愿比较低，只在三个方面可能有投保需求。虽然仅仅有三种"可能"，但"可能"也好过"完全没有"。因此，在面谈客户前，我制订了三个计划。

第一，针对客户可能存在的财富保全需求，推荐保额为2000万元的1年期意外险，小保费大保额。对于没有明显投保需求的有钱人来说，2000万元的保额有一定吸引力，且保费不多，容易接受。

第二，针对客户可能存在的海外高端医疗保险需求，推荐保额为3000万元的1年期海外高端医疗险。客户有海外留学经历，对海外医疗不陌生。这种保险是富人阶层的标配，且客户的朋友圈里也有许多人已购买。

第三，针对客户可能存在的婚内财产专属性需求，配套财富保全方案，推荐总保费为1000万元、5年交的年金保险＋万能账户。在这三种投保可能中，这是针对性最强的产品，作为客户固收类和保障类资产的综合理财配置，额度也在客户能接受的范围内。

第一次面谈

与客户第一次面谈时，开场是常规的寒暄与赞美，然后我又讲了新个税、资管新规和娱乐圈的离婚热点。客户的反应是愿意听我说话，但没有明确表态，回答基本就是"嗯""好的""哦"之类的敷衍之辞。

不过我对此已有心理准备，因为第一次面谈的目的，就是摸清客户对保险产品的态度。因此，我继续问了一些问题，比如，"您对日后理财有什么要求""目前主流理财产品是存款、短期理财、基金、黄金、储蓄型保险、保障型保险，您想要分散配置还是集中配置"，等等。但客户的大多数回答是"都可以"，依然没有明显的指向性，使交流陷入了僵局。

如果客户对我们的话题不感兴趣，我们也找不到合适的产品切入点，这个时候该怎么办呢？这里我给保险营销员提供一个办法——直接拿出计划书，或许可以打破交流僵局。

传播学中有一个概念叫"知识的诅咒"（the curse of knowledge）。简单来说，这个概念的意思就是，你永远无法想象你熟知的东西在不知道这些事的人看来是什么样子。就保险销售来说，与客户面谈时，即使我们尽最大的努力把专业术语和专业知识转化成大白话，客户听起来也还是难免不理解，对风险保障的概念也难以形成清晰的认知，毕竟客户在这方面的积累和我们的专业积累是完全不一样的。

在这样的情况下，我们不妨直接拿出做好的计划书，用金额和数字与客户交流，让客户对保险的价值形成直观的认识。这样可能会有效打破僵局，但如果在前期面谈中，客户对保险十分抵触，这样做也可能存在风险。就我当时所面临的情况，客户对保险的态度虽然很冷淡，但也没有表现出非常抵触的情绪，所以我才决定"冒险一试"。

对于前两个方案，客户明显没有兴趣，一翻而过。看到第三个方案的时候，她花费的时间长了一些，也比较认真，若有所思。过了好一会儿，她才问了一句话："这么久啊？"因为这时候恰好她的一个女性朋友 A 开车来约她吃饭，于是她匆匆离开了，心情也随之好了起来。

第一次与客户见面，双方都比较陌生，客户对我的信任度也不足，虽然沟通不是很顺畅，但总的来说，我还是有收获的：

（1）客户的风险意识比较薄弱，但她对第三个方案有所留意，说明她并非完全没有风险意识。

（2）客户没有对第三个方案的金额提出异议，说明这在她的可接受范围内。

（3）客户对理财没有认知，应该愿意听理财建议。

（4）客户的生活圈子很小，在朋友面前比较放得开。

之后，我又通过其他保险营销人员得知，约客户吃饭的女孩A让母亲为她购买过保险产品。基于这些信息，我制订了第二次见面的计划和面谈方向：

（1）唤起同理心，告诉客户，她的朋友已经购买过保险。

（2）引导她做好长期储蓄规划，意识到父母的钱通过打拼而来，自己的钱应该通过打理而来。

（3）让客户选择保险架构，自己做投保人、被保险人，父母做身故受益人，或者让父母做投保人和身故受益人，自己做被保险人，未来再择机变更投保人。

第二次面谈

第二次面谈是我邀约她参加一个女士礼仪讲座，还特意请她邀请A一起参加。

因为有朋友陪伴，客户在活动中很放松，随后沟通时，我和客户及A一同聊保险产品。客户对婚内财产专属问题颇有兴趣，问了一些相关问题，比如婚前财产与婚后财产的区别，婚内怎么做财产隔离，等等。最终，基于对A的信任，客户决定投保第三种方案，自己做投保人、被保险人，父母做身故受益人。

遗憾的是，当我说到保险的长期储蓄功能，客户却兴致索然。后期我回访她的购险感受，她的回答是："我知道这是保本的，所以就当理财储蓄了，反正短期也不用这个钱。其实我对保险也不是十分需要，万一将来有事，我们自己用钱也能解决问题。不过当天的礼仪课氛围很好，我朋友也觉得产品不错，所以我就买了。"

从开始面谈到最终签订保单，我自问已尽了最大的努力，但我也得承认，这次成功当中也有一定的运气成分。说得再明白一点，客户最终同意签单，次要原因是意识到了自己所面临的潜在风险，主要原因是看到朋友也买了保险。直到我对她进行回访时，她还是没有清醒地认识到保险的作用。不过我相信，假如未来风险出现，她会感谢这个"次要原因"。

当然，我希望客户永远不会遇到风险。

总结

这类纯粹的富二代客户，财富不是由他们自己创造的，他们没经历过风险，所需资金基本都由父母赠与，所以对钱财的得失也就没什么感觉。

有句话叫"年少多金不保险"，这也是我多年面谈纯粹的富二代客户的经验，因为和他们讲保险的时候，常规投保因素几乎没有打动他们的可能，比如"生老病死残"。因为他们足够有钱，认为所有的问题都能用钱解决，不需要画蛇添足买保险。

所以除了常规的投保因素，我们要再从婚姻、家企、税务、传承四个风险角度来谈。

其中最值得说的是婚姻。据《财富们怎么想：中国富二代调查报告》，44.7% 的富二代对婚外恋持开放态度，觉得这是"很正常的一种社会现象，可以理解"。在生活中我们也可以看到，个别富二代的婚姻只是表象婚姻，夫妻二人各有各的婚外生活，只因牵涉离婚财产分割的问题，这种有名无实的婚姻才得以延续。

另外三种风险如何呢？纯粹的富二代不从事企业经营活动，收入主要来源于父母赠与，一般不会遇到税务和家企问题。至于传承，更是无从谈起，因为他们基本上都出生在改革开放之后，暂时还不涉及财富传承问题。

通过刚才的案例，我们可以看到，如果要向纯粹的富二代客户推销保险，不妨在他们的朋友圈里寻找一个案例作为突破点。虽然他们可能不懂风险保障，但看到圈内有人在做，或许会提高他们的投保意愿。此外，针对这一类客户群体，我还有两个建议送给保险营销员：

（1）不是所有的保险都是因为存在风险才被购买的。

（2）购买的环境有时需要打造场景，营造仪式感。

案例二：新型富二代

客户基本信息

男，32 岁，已婚育有一子，妻子出身普通家庭；该客户毕业于普通大学，目前是一家互联网公司的创始合伙人，有 4000 万元资金，由亲属代持；父母的年龄在 60 岁以内，且家族企业已经转让。

客户创建的公司，是由家族出资和他人合伙经营的。合伙人名下还有其他公司，现因涉嫌偷漏税外逃，客户目前是该互联网公司唯一的掌舵人，他很担心合伙人的问题牵连自己的公司。此外，因为税务意识淡薄，客户之前家企不分，无意间将大量财富从公司转移到了个人名下，面临着税务遗留风险。

这位客户就是典型的新型富二代，有家族原始资本的助力，以及近10年间互联网红利的助推，迅速积累了大量的财富。虽然之前因为没有做好风险把控而产生了一些问题，但他现在已经有了一定的风险保障意识。

这是一位保险营销员推荐给我的客户，风险点比较明显。这位保险营销员此前和客户有过多年交情，疫情期间偶然得知客户的公司和家庭资产情况，察觉到客户有风险保障的需求，但因为对客户的保险配置和保险理念了解很少，怕自己把握不好客户，而且与客户不在一个城市，面谈不便，所以寻求我的帮助。

接到保险营销员的求助后，我和他进行了充分的沟通。保险营销员因为焦虑和不自信，盲目地认为只要我出马就一定可以搞定客户，但事实并非如此。在此，我列出与这位保险营销员沟通的要点，希望大家明白：作为保险营销员，若想寻求帮助，也是有前提条件的。

（1）客户对面见我的态度不确定。"客户想见"和"保险营销员推荐见面"的效果是不同的。没有铺垫时，以推荐的方式邀约客户，很有可能遭到拒绝。

（2）客户对保险的态度不确定。因为我们不知道客户是否配置过保险产品，盲目介绍的话，若客户直接拒绝，我们就没有下一次机会了。

（3）客户的风险关注点不确定。如果客户想解决的是公司风险，他更需要的是法律手段，而不是购买保险产品。如果客户想解决的是个人风险，那还得判断他想解决的是目前已经遇到的风险，还是潜在风险。如果客户已经处于风险之中，那他购买保险可能已经晚了。

（4）我自己单独面见客户，没有保险营销员在场会比较尴尬，因为陌生人见面很难快速建立信任，需要保险营销员作为纽带。

对于上述问题，我给保险营销员的建议是，由我提供沟通要点，由保险营销员和客户进行第一次沟通，主要目的是判断客户的风险关注点。根据第一次沟通情况，我再配合进行第二次沟通。

第一次沟通

保险营销员与客户第一次沟通，要先判断客户的风险关注点。如果客户关注的是企业风险，那么保险的作用其实很有限，律师更有可能帮助他解决问题；如果客户关注的是个人风险，那么保险营销员就可以从税务和资产代持的风险、大额保单的功能、保单架构、保单金额这四点与客户沟通保险话题。

以下是我给保险营销员提供的四个沟通要点：

（1）讲税务和资产代持的风险，引发客户共鸣。

（2）讲大额保单的功能，让客户明白大额保单是避险首选。

（3）讲保单架构，探寻客户的保险认知和态度。

（4）讲保单金额，探寻客户的交费能力和兴趣。

保险营销员做好准备后，邀约客户在线上会议室进行交流。

沟通实录

（经初步面谈，确定客户关注的风险点是潜在个人风险，于是保险营销员从税务稽查、资产代持的角度进行风险导入。）

保险营销员：从 2018 年开始，我国进行了严格的税收监管，以往粗放式的税务动作现在不可行了，比如虚开虚列发票等行为。同时，个税征管的力度也加大了，比如现在每个人手中只能有一张 I 类银行卡，在此情况下，如果自然人和自然人之间年累计转账超过 50 万元，自然人和非自然人之间年累计转账超过 5 万元，都将会被列入大额可疑交易范围。因为只有一张 I 类银行卡，而我们现在纳税人识别号和身份证号一致，我们在银行的所有资金就是全透明的状态，有非常大的税务稽查风险。

客户：我现在就担心这些事。之前你也了解过，我的一部分资金不在自己名下，这样做有问题吗？

保险营销员：所以我们需要提前做好规划。那么，怎样规划呢？很多人和您一样，钱不在自己的名下，这就是资产代持。因为中国不收赠与税，所以资产代持是很普遍的一种行为，但很多人意识不到资产代持的风险性。

资产代持分为自然人代持和非自然人代持。自然人代持在我们实际的生活中可能会遇到一些风险，比如代持人的婚姻风险、健康风险、道德风险以及债务和税务风险，因此父母成了很多人代持的首选。父母代持最大的问题是健康风险，随着年龄增长健康问题凸显，如果你还有兄弟姐妹，代持资金万一成为遗产就说不清楚了。所以如果想要父母代持，我建议签订代持协议，这样比较稳妥。但很多人不好意思向父母开口，所以还可以用非自然人的形式做资产代持，你听说过吗？

客户：不了解，你说一下。

保险营销员：由非自然人代持的，我建议可以通过以下三种工具来实现。

第一种工具是家族信托。这是目前最好的代持方式，但是它对资金的起存线要求比较高，1000万元起，同时需要提供收入证明或完税证明。如果可以实现，这将是最佳的资产保全工具。

如果提供不了相关证明，可以选择第二种工具——大额保单，它和家族信托有相似的功能。如果你有投保意向，我推荐你做终身寿险，通过保单架构的设计，可以实现一定的风险转移和税务筹划功能。这个架构需要这样设计，父母做投保人，你做被保险人，身故受益人是父母。这个架构的优势在于，保单归投保人所有，不在你的名下，可以起到很好的风险规避作用。同时，因为购买的是保险产品，降低了未来银税联网后被稽核的风险，可以满足你现阶段的资金安全性需求。

第三种工具是保险金信托，父母做投保人和被保险人，未来保险资金理赔后进入信托公司，这是保险公司和信托公司的连接，不需要再对资金进行审核，能够顺利实现信托产品的介入。做保险金信托的好处是，保单本身具有一定的资金灵活性，加了信托也不影响保单的灵活。未来可以选择变更投保人，将父母持有保单变更为您自己持有，而父母作为保险标的，如有意外风险，理赔金进入信托，也是一笔免税且有合法收入来源的资金。

客户：那你推荐我用哪个方式？

保险营销员：我推荐您选择大额保单或者保险金信托。但保险金信托需要保费或保额达到500万元[①]，如果您有符合条件的资金，直接选择保险金信托最好。

客户：我直接买，还是让父母买？

保险营销员：让没有风险的人买。如果你觉得自己现在不方

---

① 在实操中，不同的保险公司对设立保险金信托的额度要求不同。

便，就让父母购买，日后做投保人变更，这个非常方便。只要对父母信任，让父母直接购买即可。

客户：帮我做一份计划书吧，做 500 万元保费的。

保险营销员：好的，做好后再联系。

以上就是保险营销员在第一次谈话中的沟通细节。此时客户明确要了一份保费为 500 万元的计划书，这让保险营销员感觉有希望成交保单。

保险营销员的这次沟通是成功的，甚至超预期地介绍了产品金额和产品特色，最后客户的关注点也落到了保险产品的购买上。

为什么这位富二代愿意聆听、相信、接受保险营销员的建议呢？原因主要有以下两点：

（1）保险营销员的专业素养比较高。虽然保险营销员与客户的财富等级不同，但专业的人做专业的事，保险营销员在保险领域展示了自己的专业素养，提前对客户所面临的问题做了充足的准备工作，线上交流的过程中对答如流，并且能够及时带入保险产品，将客户的注意力吸引到产品上。

（2）保险营销员为客户提供了多种选项。很多时候客户也不知道自己想要什么，此时询问客户想要什么其实没有意义。换一种方式，给客户选择题，让客户做选择而不是做回答，能够引导客户进入保险营销员的营销逻辑中，也减少了因客户不懂产品而造成的沟通障碍。

第二次沟通

在第二次正式沟通前，保险营销员根据客户的要求，提交了一份总保费为 1500 万元、3 年交的增额终身寿险计划书，并且就计划书中的几个关键数字做了说明。客户此时虽然已有投保意愿，但因之前没有购买过保险产品，对保险产品不了解，迟迟下不了决心，所以保险营销员希望借助我的力量给客户吃个"定心丸"。

在沟通开始之前，我先准备了几个客户可能提出的关于保险产品的问题：

（1）保险产品安全吗？

（2）如果我出事了，保单能留得住吗？

（3）保险金信托的收益怎么样？

（4）买了保险需要缴税吗？

第二次线上沟通如约而至。

面谈实录

保险营销员：这位是谭啸老师，我特别邀请的财税专家。谭老师对金融产品的法律作用非常了解，您在产品上有任何疑问都可以提出。

客户：您好，我看了这个产品计划，因为之前没有买过，想了解一下，如果我面临了风险，这个保单留得住吗？

我：首先，我们要明确是什么风险。如果是婚姻问题，保险产品就要被分割现金价值；如果是债务问题，就要看购买保险时是否欠债。但现在法院的主流意见是，保险产品是要偿还债务的。很多人认为购买保险可以规避风险，其实并不是保险可以规避风险，而是保险的架构可以规避风险。如果您有面临风险的可能，可以选择让父母做投保人，而保单归投保人所有，这部分资产就不会因为您的风险而受到牵连。再者，保单的投保人可以变更，现在虽然是您的父母持有，但无风险后可以变更到您的名下，从而可以起到规避风险的作用。

客户：也就是说，我现在用父母的名义投保比较好。那我选择保险金信托的话，未来有收益吗？

我：目前以保险金信托的形式购买大额保单是买保险的一种高级做法。以往大家购买保险，身故受益人写自然人，自然人会一次性拿到一大笔身故保险金，可是这一大笔钱对没有财富掌控力的人来说可能是个伤害，财富在手时也无法规避风险。但是让这笔钱进入保险金信托的信托环节就不同了，信托受益人可以按条件领取，不着急一次性拿出来，需要时领取；没有领取的部分，可以和信托公司约定投资范围。如果您希望保本，就约定投资范围以稳健保本为主；如果您可以接受风险，就选择相应的投资渠道，而且中间可以定期修改，真正做到定制化服务。可以说，只有中国的高净值人群、有钱人才有这个资格。

（客户又问了几个关于公司税务的问题，此处涉及隐私不再详述。）

保险营销员：（按照准备，在合适的时机推动促成）那我明天去找叔叔、阿姨签字，您记得提前和他们嘱咐一下。

第二次线上沟通结束后，保险营销员和我通电话，表达了双重感谢：

（1）感谢我给他制订了两次沟通的方案，他先探路，我再收尾。

（2）感谢我给予他的工作启发——要站在风险的角度回答问题，而不是让客户买保险。

通过以上的案例，我们可以看到，新型富二代积累财富的速度比较快，对风险也有较强的认知，只要能清楚地看到保险带来的好处，他们就会选择尝试。因此，与这类富二代交流时，专业是最重要的。保险营销员必须做到对专业知识烂熟于心，能够向客户提供多种方案，熟练介绍各种保险产品的功能。一旦我们在自己的专业领域里被客户问住了，客户就会失去对我们的信任。

》》》3.4 展业心得

面向富二代客户群体做保险销售时，我有以下心得与保险营销员分享：

富二代有钱，不一定有风险，不要盲目引导风险。

富二代有空，不一定有时间，不要盲目轻视邀约。

富二代有脑，不一定有专业，不要盲目妄自菲薄。

富二代有手，不一定有动作，不要盲目强势促成。

第4章 拆迁户

本节老师：张剑

>>> 4.1 认识客户

近年来，随着各地城乡改造建设步伐的加快，城市地域性扩张带来的集体土地房屋拆迁，创造了许多财富新贵，也就是我们常说的"拆迁户"。

与其他依靠个人能力获取财富的群体不同，拆迁户依靠时代的红利突然"崛起"，获得巨额财富。但由于他们大多缺乏驾驭财富的能力，巨额财富在他们手里往往只是匆匆过客，稍微停留就跑到了别人的口袋里。作为一个特殊的社会群体，拆迁户暴富暴贫的问题已经引起了多方关注，比如政府、经济学家、社会学家等。

作为保险营销员，我们应该如何看待拆迁户呢？首先，我们来给拆迁户画一幅简单的肖像。

特点一：资产量大

关于拆迁补偿，不同地区的标准有所差别，但形式主要有两种：一是金钱补偿，二是产权调换。如果要钱，拆迁单位会按照当地的房价进行综合估值，得出一个合理数额给予补偿。如果要房，拆迁单位一般会按等面积补偿，若补偿的房子面积比原来的少，则少的部分按当地补偿标准补偿一部分金钱。

补偿形式的不同，决定了拆迁户掌握的资产的差异，或者房产多，或者资金多。但不管是哪种情况，他们的资产量都要远远大于一般人。

特点二：容易出现报复性消费行为

对于拆迁户而言，不富裕的时候，有限的资产限制了他们的消费层次，一旦巨额拆迁款到手，原来可望而不可即的豪车、名表等唾手可得，此时就非常容易出现报复性消费行为。再加上拆迁户往往是同地区的群体，邻里间或者亲友间的攀比，也起到了推波助澜的作用。很多拆迁户就是因为不能控制自己的消费欲望，导致财富迅速流失。相关调查显示，在浙江省杭州市江干区（该区今已撤销，归于新设立的上城区）的拆迁户中，有 10% 的人一夜暴富后又迅速返贫。①

特点三：缺乏资产管理能力

2017 年，扬州大学商学院在安徽省天长市某地，对拆迁款的利用状况做过专项调查，发放问卷 300 份，收回实际有效问卷 273 份。在 273 名调查对象中，73 人（26.74%）没有做任何投资；183 人（67.03%）选择银行储蓄——在通货膨胀率高而银行存款利率比较低的情况下，这样做实际上等于使资产缩水；15 人

---

① 王郅强，王昊. 征地拆迁户返贫现象的调查与反思——以 C 市为例 [J]. 天津行政学院学报，2014, 16(01)：76-84.

（5.49%）投资国债；2 人（0.73%）投资实业。[1]

　　在这份调查报告中我们可以看到，拆迁户的资产管理能力极其匮乏。事实上，这 273 份问卷反映的问题并非个别现象，在全国范围内，它是一个普遍性的问题。目前，在有些地方，为了防止出现拆迁户返贫的情况，当地政府已针对拆迁户着手普及金融知识，并积极引导金融理财机构介入。

特点四：关心子女婚姻和财富传承

理财影响因素与理财认知度的关联表[2]

理财影响因素	理财认知度		
	理财业务的了解程度	获取理财信息的难易程度	个人能承受的损失程度
生活状态	弱关联	弱关联	强关联
年龄状况	强关联	强关联	强关联
教育程度	弱关联	强关联	弱关联
职业情况	强关联	强关联	强关联
社会环境	强关联	弱关联	弱关联

　　虽然拆迁户分布在各个年龄段，但中老年人无疑是其中的主要人群。从上表中可以看到，理财业务的了解程度、获取理财信息的难易程度、个人能承受的损失程度，都与年龄状况呈现出强

---

[1] 吴婧. 失地农民拆迁补偿资产的投资研究——基于对安徽省天长市部分拆迁农户的调查 [J]. 扬州大学学报（人文社会科学版），2017, 21(05)：97-104+128.
[2] 马蕾，姜坤. 拆迁家庭理财方式与理财认知度关系调查研究 [J]. 中国集体经济，2021(03)：165-166.

关联性。换句话说，年龄越大，对理财业务的了解就越少，获取理财信息的难度就越大，承受损失的能力就越弱。

与其他年龄段的拆迁户相比，拆迁户当中的中老年人更关心子女婚姻和财富传承，对财富的创造则考虑得较少，而子女婚姻和财富传承又可以归结成一个核心问题——财富控制。因此，与这一类客户沟通时，我们可以对症下药，将子女婚姻风险和财富传承风险作为切入点，并提出切实可行的控制财富的方案。

以上是拆迁户群体的普遍特征。在此基础上，我们才能更好、更深入地理解他们，从而做到知己知彼，百战不殆。

⟫⟫ 4.2 展业流程

下面，我将分两个部分给大家介绍我的展业流程：第一部分是针对高净值客户的一般沟通过程，我称之为"高净值客户面谈三段论"，分别是事前准备、事中面谈和事后追踪；第二部分，我会针对拆迁户这个特殊的高净值客户群体，提出四个沟通要点。

高净值客户面谈三段论

第一阶段：事前准备

在此阶段内，我们需要做的，是尽可能地丰富 KYC 表格，充实客户信息，列出与客户沟通保险产品的切入点，然后根据客户所面临的风险程度，判断面谈的紧迫性。如果客户面临的风险比较小，我们可以把客户列为备选对象，面谈不必急于一时；如果客户面临的风险比较大，我们就可以立刻着手安排面谈事宜。这是我们保险营销员经常做的事情，也是基础性工作，在这里我就不多说了。

第二阶段：事中面谈

在这一阶段，一个直击人心的自我介绍是不可或缺的。我们必须快速而有效地向客户介绍自己的公司、业务方向、行业年资等，增强客户对我们的信任感。

拆迁户本身普遍缺乏管理资产的能力，难以驾驭巨额财富，作为被我们优先邀约的目标，意味着他们的财产可能已经遭受了较大损失，家庭成员甚至为此发生了种种不快，谈及这些事的时候，他们的情绪难免会比较激动。如果我们的自我介绍是有效的，那么客户接下来往往会宣泄情绪，我们也应该先处理好客户的情绪，再谈其他。

客户的情绪平复之后，我们要先帮助客户解决表面问题，也就是客户明确提出的问题。这是我们进一步了解客户的过程，也是增进客户对我们的信任度的过程。针对表面问题提出解决方案后，我们还需要挖掘客户面临的潜在问题，也就是客户自己意识不到，需要专业人士引导客户去发现和思考的问题。有时候，潜在问题比表面问题更急迫，风险程度更高。

无论是表面问题，还是潜在问题，我们提供解决建议时，都应该尽可能多地给客户几个完整、全面、客观的解决方案。当然，我们的方案一定要有侧重点，不能泛泛而谈，毕竟我们的最终目的是与客户签单，所以解决方案需要精心设计，突出保险作为风险转移工具的优势。但究竟选择哪一个选项，决定权还是要交给客户自己。

第三阶段：事后追踪

这一环节的核心是计划书。

面谈时说过的解决方案，要清晰完整地展示在计划书中。计划书制作完成后，保险营销员不光自己要多检查几遍，最好也发给值得信任的前辈看一看，检查里边有没有遗漏或错误。我们提供的服务质量越高，客户就对我们越信任，签单的概率也就越大。

另外，计划书的制作一定要快，越快越容易签单。如果计划书的递送过慢，随着时间的流逝，客户很可能就会失去面谈时解决问题的决心，我们就会出现丢单的情况。而且，计划书递送过慢也可能会让客户怀疑我们的专业能力和服务态度，转而选择与其他保险营销员签单。

计划书送达之后，如果客户认可我们提供的方案，同意签单，那么我们一定要做好签单后的服务工作，包括随时解答客户的疑问，了解客户的购买感受，等等；如果客户对计划书的内容存疑，我们也要做好相应的解释工作，或者根据客户的意见做产品方案的调整，直到客户满意为止。

以上就是我总结的与高净值客户面谈的三个阶段——事前准备、事中面谈和事后追踪。我想告诉大家的是，与客户面谈，并非简单地跟客户聊一聊，解决客户当时提出的问题，而是需要做很多前期和后期的工作的，这些工作对于最终能否成单至关重要。

与拆迁户客户的沟通要点

根据我个人的工作经验，我发现在与拆迁户客户面谈时，有以下四个沟通要点。

要点一：讲解同类案例

拆迁户的理财和风险意识普遍比较淡薄。一般情况下，在还没有遇到显性风险、财产没有真正遭受损失时，很多人不会主动产生财富保全意识。对于这一类人，我们可以选择暂时按兵不动，把他们作为备选客户，也可以迎难而上，主动出击。如果选择后一种方式，那么我们就得注意，要想打开沟通局面，保险营销员可以讲同类案例，增强客户的代入感，使客户对风险问题产生具象认识，从而积极地向我们寻求解决方案。

要点二：围绕财富控制来谈

之前我们说过，拆迁户群体以中老年人为主，虽然少数人也有实现财富增值的目的，但大多数人更为关心的是子女婚姻和财富传承，而子女婚姻和财富传承又可以归结为一点——财富控制。

要点三：扭转投资观念

房产本身就是许多拆迁户的主要资产类型。21 世纪头十几年，房地产市场一片利好，受此影响，很多拆迁户也乐于将房产作为投资方向。然而，房地产市场的红利是不能吃太久的，近年来，国家也陆续出台了一系列政策限制房地产行业的野蛮发展。

作为保险营销员，我们必须对房产的控制、保全、增值，以及传承方面的问题和弊端有清晰的了解，让客户知道有更好、更正确的方法实现财富的保全和传承。在客户认同我们的观点的基础上，我们才有可能切入保险产品，帮助客户更好地实现财富保全的目的。

要点四：简单易懂讲方案

目前的拆迁区域大多集中于城乡接合部，很少有还在拆迁的城区。这部分拆迁户受地域限制，在财富风险方面的知识储备较弱。所以保险营销员讲解方案时，一定要做到简单易懂，有针对性和可操作性，不能为了显示自己的专业度，说一大堆晦涩难懂的专业名词，使得客户一头雾水，无法与我们进行有效沟通。

⟫⟫ 4.3 案例复盘

下面，我给大家分享我与一位拆迁户客户成交保单的过程。

客户基本信息

王女士，50多岁，原本是一个非常普通的农民，因赶上拆迁红利，一夜暴富。她自己的拆迁款，加上婆家、娘家分给她的拆迁款，数额过亿。拆迁后，她本以为可以安享财富自由的美好生活了，但因为缺乏管理财富的能力，她根本无法守护财富。

获得巨额拆迁款后，她的丈夫染上了赌博的恶习。当地拆迁户多，本来就有赌博的习气，随着拆迁款的下发，赌民的赌博金额水涨船高。此外，王女士的丈夫还存在过度消费、盲目投资的情况，比如他喜欢车，每隔大半年换一辆。短短两三年，王女士从婆家和娘家分到的拆迁款就被他挥霍殆尽。更让王女士感到糟心的是，女儿的未婚夫也有沉迷赌博的迹象。她还担心，万一女儿将来发生婚变，所剩不多的"蛋糕"又会被女婿分走。

王女士的财富全部来自拆迁红利，财产情况相对简单，只有不动产和金融资产。在巅峰时期，她在城乡接合部拥有 20 多套房产，金融资产多达数千万元。因为丈夫的挥霍，目前她的金融资产已所剩无几，房产也只剩下了四五套，都登记在她本人名下。这几套房产，也是她最为关心的财产。

客户需求分析

客户的需求包含两个部分：一是显性需求，二是隐性需求。所以保险营销员要考虑这两类需求，并提出解决方案。经过分析，我认为王女士有四个方面的需求。

情绪安抚

就像我在展业流程里强调的，如果客户在讲到自己的情况时情绪激动，保险营销员应优先帮助客户处理情绪问题。

房产控制权问题

王女士的房产仅剩下四五套了，她肯定希望能够把所剩不多的财富守住。这可以说不是问题，因为这几套房产都单独登记在王女士名下，只要不变更姓名，她对房产的控制权就是最强的；这也可以说是一个很危险的问题，因为王女士对房产的掌控并不是非常稳固，她的丈夫随时有可能染指所剩无几的房产。

女儿财产保全

王女士的房产将来肯定会传给女儿，而且她对女儿的婚姻有些担心，所以我们需要帮她解决如何更安全、更好地把房产传承给女儿的问题，保证将来即使女儿婚姻不稳定，女儿的房产也不会被分割。

财富传承方式的选择

王女士模糊的财产保全及传承意识，都紧紧围绕着房产。但持有房产并不是财产保全和传承的唯一方式，至少不是最好、最有效的方式，完全可以用更好的方式去替代它，所以必须给王女士讲清楚持有多套房产的风险及可行的替代方案。

以上是我分析出来的四项客户需求。在此基础上，我需要跟客户进行有针对性的沟通，展开面谈工作。

解决方案

安抚情绪

如同我预料的那样，王女士在面谈一开始情绪果然有些激动，谈到财产流失、女儿婚姻的时候尤其如此，觉得自己非常不幸。对此，我的解决方式是按步骤安抚客户。

第一个步骤是建立同理心。这一步的关键在于，千万不要让客户感觉我们是以上帝视角来评判他们的，一定要跟客户用同样的视角看待问题。

第二个步骤是打消客户的孤立感。我们要让客户知道自己遇到的不幸并非孤例，而是一种普遍情况，这样既可以打消客户的孤立感，也可以凸显我们的职业经验，强化客户对我们的信任。

第三个步骤是打消客户的悲观感。无论客户的情况多么严重，我们都应该告诉他们，事情并没有他们想象的那么悲观。我是这样和王女士沟通的："有很多拆迁的家庭因为财产分割问题大打出手，严重的甚至闹出了人命，您的情况要比他们好太多。您现在要做的，不是为曾经拥有的资产伤心，而是保住现有财产。就您目前手中的这四五套房产，已经是很多人穷极一生也无法拥有的，所以您仍然是幸运的人。"

将选择权交给客户

关于如何防范丈夫挥霍财产，以及未来赠与女儿房产的保全问题，我给了王女士以下两个解决方案：

第一个方案是在女儿婚前赠与房产，但是有条件——要么在房产证上加上王女士的名字，要么在赠与后进行反向抵押。

婚前赠与房产给女儿，同时加上王女士的名字，可以有效防止女儿在婚后对房产做违背母亲意愿的处理，比如加上配偶的名字、直接卖掉或者抵押等。

反向抵押，就是把房子给到女儿的同时，在不动产登记中心办理《主债权及不动产抵押合同》。这样相当于房产已经赠送给了女儿，但女儿反过来又把房产抵押给母亲了。母亲拥有抵押权，女儿就不能对房产做任何处理，除非解除抵押权。与第一种解决方式相比，做反向抵押的成本更低，效果更好。

第二个方案是把房产转化成金融资产进行规划，规划的方法更多，成本更低，而且也更简便，除了能安全地把财产传给女儿，还能有效防范丈夫挥霍。（此处仅做简单的理念上的铺垫，后面再做具体展开）。

安全、高效、顺利的财富保全和财富传承

对于上述两个方案，王女士最先选择的是第一个，同时，出于养老方面的考虑，她又做了一些补充性的说明，希望将房产分两部分传给女儿，生前赠与一部分，再留一部分身后赠与。

王女士的女儿还没有结婚，按照法律规定，婚前获赠的财产不属于夫妻共同财产，即使女儿以后发生婚变，在婚前获赠的房产也不会被分割。所以，在王女士选择第一种方案的前提下，她只需要关心身后赠与女儿的那一部分房产就可以了。

为了尽量避免将来可能发生的风险，我给王女士讲解了法定继承流程的风险和一些其他的纠纷，建议她用公证遗嘱的方式来传承身后赠与女儿的那部分不动产，只要注意传承的时间点就可以了。同时，我也告诉她，房产在传承和保全的过程中会存在以下四个问题：

第一，房产流失的风险比较大。如果传承方式不得当，可能导致一部分房产被姻亲分割。

第二，传承成本高。我国目前没有遗产税，但未来若开征遗产税的话，房产传承可能会被征收高额的税费。

第三，传承手续复杂，容易引起家庭矛盾。我们甚至可以说，凡是走继承权公证流程进行传承的方案都不是特别好的方

案，这样留给孩子的可能不是财产，而是无尽的麻烦。

第四，房产的增值空间越来越小。房产增值有两大方向：其一是房价本身的增长，但近年来很多地方的房价出现了下降趋势，房价本身的增值效果并不好；其二是房产出租，但这样得到的收益，远没有转化为金融资产后的收益高。

充分了解了第一个方案的弊端后，王女士开始倾向于第二个方案，希望将房产转化为金融资产来规划，这也就是我将要说到的通过大额年金保单来进行财富的保全及传承。但在讲这个问题之前，我想先顺便说一下老人理财的关键原则。

老年人理财的关键原则

如前所说，中老年人是拆迁户中的主要群体，王女士就是这样一个典型。在理财方面，老年人应注意以下四个原则：

第一，受制于精力问题，老年人选择理财产品时，种类不要过多，选择风险较小、收益稳定的两三种理财产品就足够了。

第二，一般情况下，步入老年后，一个人挣钱的能力会越来越有限，所以，对于老年拆迁户来说，保护已有财产不受损失才是关键，必须使本金尽量安全或者绝对安全。当然，绝对安全可能有难度，但年金保险的安全系数无疑是非常高的。

第三，收益持续，最好与生命等长。老年人无法预测自己的寿命，如果产生收益的某种模式只能维持 5 ~ 10 年，那 5 年、10年以后怎么办？所以说最好的模式是活多久，收益就能持续多久，这才是最能满足老年人对于理财持续收益的要求的方案。

第四，收益稳定，避免上下波动，最好选择年收益率能稳定在 4% ~ 5% 的理财产品。

通过以上分析，我们不难发现，大额年金保单非常符合老年人的理财需求。对以上四个原则做个总结的话，我们可以称之为"集中理论"。大多数老年人没有年轻人头脑灵活、精力旺盛，无法同时兼顾多种理财产品，因此最适合他们的理财模式不是著名的"风险分散理论"，而是"集中理论"。

一举多得的金融载体

谈到保单，势必谈到保单架构。我们在常规销售保单时，通常会更多地关注保险产品本身的要素和特征。但是在面对一些特殊需求，尤其是在对接法商需求的时候，这个思路实际上是错的。我们应该先给客户做保单架构的安排，确定方向，之后再匹配相应的产品。

针对王女士的情况，保单架构应该如何设计呢？我的建议是，投保人和被保险人都是王女士本人，身故受益人设两个：第一顺位受益人是女儿，第二顺位受益人是孙辈。当然，孙辈这里现在可以空着，等有了孙辈后，可以在保险公司进行变更。

以上看似简单的保单架构，有着怎样特殊的作用，是否可以解决王女士的问题呢？下面我们一起来剖析这个保单架构的优势。

优势一：王女士对保单拥有绝对控制权，丈夫和女儿都不能动这张保单。保单价值可能归夫妻共同所有，但保险公司只认投保人，不会因为保单是夫妻共同财产，就允许投保人的配偶动这张保单。

优势二：年金归王女士所有，这样她每年有一笔稳定的收入，可以用来补充日常开销，满足养老等需求。投保人和被保险人都是王女士，这样本金和年金都集中在她一人手里，可以防止被丈夫挥霍。

优势三：现在很多年金险非常人性化，可以附加万能账户。如果年金险返还的钱不想拿出来用，就可以投到万能账户里。有一些公司的万能账户还允许额外追加资金，这样一来，追加投进去的钱以及返还的年金，可以获得二次投资收益。

优势四：理赔款是属于身故受益人——王女士女儿的个人财产，不属于夫妻共同财产。如果女儿是通过法定继承的方式拿到财产的，那就成了夫妻共同财产，其配偶也可以分得一半。除非有遗嘱明确指定赠与女儿，与其配偶无关，但这样很可能会影响女儿和女婿的夫妻关系。因此，最好的方式就是通过理赔款将财产传承给女儿，因为法律明确规定，理赔款不属于夫妻共同财产，即便离婚也无须分割。

优势五：理赔款不需要走继承权公证流程。单凭这一点，保单就是最优秀的传承工具之一，可以避免很多不必要的麻烦，实现高效的无争议传承。

优势六：理赔款不需要缴纳个人所得税，能够大概率规避遗产税。中国现在还没有遗产税，如果将来开征，一定会对保险理赔款交不交遗产税做明确的规定。参考我国现在的一些规定和征收遗产税的国家的通行规定，我们可以推断，国家对身故保险金会有很大的税收减免政策，所以说理赔款能大概率地规避或者减免遗产税，节省传承成本。

优势七：保单的隐私性比较强。房产这种形式的财富，谁都知道房子在哪，值多少钱。相比之下，保单就隐秘很多了，投保金额是多少，价值多少钱，保额多少，只要王女士自己不主动披露，其他人就无从知晓。

综上可见，年金保险是一款集多种功能于一体的金融工具，通过合理设计保单架构，就能帮助王女士解决财富保全和传承方面的诸多问题。

》》》4.4 展业心得

相信通过王女士的案例，大家对如何与拆迁户客户打交道已经有了一定的了解。在这里，我还想补充一点，在以后的工作中，如果遇到有强烈的财富保全意愿的客户，我们一定要特意指出保险的安全阀作用。就刚才的案例来说，王女士将房产掌握在自己手里未尝不可，但她和丈夫之间的关系说不定什么时候就会成为房产流失的缺口。相比较而言，王女士将房产转化成金融资产，交由保险公司打理，则不存在这方面的问题，因为保险公司只认客户，不认其他，这就相当于给王女士的财产上了一道牢固的安全阀。

以上所讲的一切，只是我在代理人生涯中的一点心得体会。知识唯有付诸实践利用起来，才会产生真正的价值。保险营销员只有在展业中不断地积累经验，锻炼自我，才能成长为一名专业、负责、值得客户信任的理财顾问。

第5章　网红明星

本节老师：汪恒

》》》5.1　认识客户

在互联网时代，网红经济已成为国民经济中一股举足轻重的力量。它依托于移动互联网及社交平台的推广，通过大量获取社会关注度，形成庞大的粉丝和定向营销市场，并围绕网红 IP 衍生出各种消费模式，最终形成完整的网红产业链条。电商、娱乐经纪公司、直播平台等都是大型的网红孵化器。

华经产业研究院发布的《2020—2025 年中国网红经济行业市场调研分析及投资前景预测报告》显示，2019 年，我国网红经济市场规模超过 2500 亿元，预计到 2022 年有望突破 5000 亿元。如此庞大的经济市场，不仅催生出越来越多的网红，也让越来越多的传统明星向网红靠拢。

我们可以发现，网红与传统明星之间的界限逐渐模糊起来。要么是网红变明星，要么是明星当网红。诸多影视产业培养的明星都积极利用网络社交工具与粉丝互动，甚至有部分明星也加入了网络直播平台，客串视频主播。与此同时，一些拥有个人特质的大众型网红，正在成为四线明星的后备军，他们与经纪公司签约，接受才艺培训和形象包装，通过网络积攒人气，最终目的还是进入娱乐圈。

但不管是传统明星还是网红明星，他们的经济价值都源于粉丝的忠诚度和购买力。在竞争日趋激烈的名人市场上，粉丝社群的经营将发挥日益重要的作用。归根结底，网红经济还是一种粉丝经济。[1]

本节我们就把关注点聚焦到近几年风头正劲的网红明星群体身上。他们的生活、工作规律与普通人相比有较大差别，收入虽高但并不一定持续，因此我们可以把网红明星当成高净值客户的一个特殊类型。

网红明星客户普遍存在以下五大特点和五大风险点。

网红明星客户的五大特点

特点一：收入不规律

网红明星的收入并不是规律地按月或按年到账，而是不规律地有大笔资金到账，比如一次直播之后可能入账几万元甚至几十万元。这样的收入特点，部分导致了他们消费的随意性，在消费上大都缺乏规划，缺少自我约束。但网红明星的"生命周期"不比传统明星，他们中的绝大多数都只能红一阵子，过段时间就消失在大众视野里。此时，消费比较随意的弊端就显现出来

---

[1] 资料来源：人民日报，《网红现象：名人文化在互联网时代的变体？》。

了——红的时候入账不断，不红的时候生活惨淡。

特点二：内容生产质量要求高

网红明星有颜值派、实力派、个性派等不同的种类，每一类都有相应的粉丝群体。但网络上有句话说得很对："欣赏一个人，始于颜值，陷于才华，合于性格，久于善良，终于人品。"现在的粉丝早已不单单满足于优质的外在形象，网红明星要想让粉丝为自己买单，生产的内容就要有足够高的质量，否则粉丝可能不仅不买单，还会"粉转路"乃至"粉转黑"。从这个角度可以说，网红明星都是内容创业者。

特点三："人设"不能塌

网红明星的经济价值高不高，要看粉丝的购买力强不强。为了赢得粉丝的喜爱，让粉丝为自己掏钱，网红明星除了要持续输出有价值的内容，还要维持自己的"人设"不能塌。在这个 IP 概念盛行的娱乐化时代，造好"人设"，才能更好、更快地获取流量、聚拢粉丝，进而获得资本的青睐，拥有更高的收入。这个"人设"，就是给自己贴标签，并通过生产的内容不断强化这个标签。这样，自然而然地，喜欢某个标签的人群就会汇集起来，成为拥有这个标签（"人设"）的网红明星的粉丝。

所以，一旦有某些事件导致网红明星的"人设"受损，这些因"人设"而来的粉丝也会因"人设"的崩塌而走，网红明星的收入也就必然会出现断崖式下降。

特点四：商业价值高，变现能力强

网红明星的身上，融合了时尚、娱乐、社交、社群、电商等诸多因素，这使得他们自带光环和流量，甚至成为新的 IP，拥有数量庞大且稳定的粉丝群体，能够实现精准的人群覆盖，具有很高的商业价值和很强的变现能力。[①]

目前网红经济的变现方式主要有直播电商、广告营销、直播打赏、知识付费等，很多网红明星以此积累了大量财富。

特点五：依赖网络平台

网红明星生产的内容全部依赖网络平台进行传播，但互联网更新换代极快，而且随着"网红热"的持续升温，会涌现出越来越多的网红明星。因此，如何不成为那颗转瞬即逝的"流星"，长久地红下去，是所有网红明星面临的难题。

网红明星客户的五大风险点

根据网红明星的特点和我跟他们面谈的经验，我总结出了这类客户存在的五大风险点，分别是：个人名誉风险、投资消费风险、职业生涯持续风险、婚姻家事风险以及意外健康风险。

---

① 李光斗. 超级网红如何打造个人 IP[M]. 北京：机械工业出版社，2016.10.

网红明星客户的五大风险点

个人名誉风险	投资消费风险
职业生涯持续风险	婚姻家事风险
意外健康风险	

风险点一：个人名誉风险

前面我们提到了"人设"对于网红明星的重要性，而"人设"崩塌就是造成其出现个人名誉风险的主要原因之一。此外，作为公众人物，一些生活中不注意的小细节或者工作上的疏忽，也可能导致个人名誉受损。

一旦发生这类风险，不仅会影响网红明星的私人生活，还会直接影响其公众形象，进而影响收入。不难发现，娱乐圈中某个明星因为发表了不当言论而被通报批评、被网友口诛笔伐的事件，几乎每隔一段时间就会发生一次。

风险点二：投资消费风险

网红明星容易出现投资消费风险的原因主要有两点：

第一，作为网红明星，他们在日常工作中会接触到非常多从事各行各业的人。在与这些人打交道的过程中，网红明星会得到许多投资信息，但由于他们自己对投资风险的识别能力并不强，这就容易导致出现冲动性投资，不但投出去的资金没有得到预期回报，甚至连本金都可能会被压在项目中收不回来。

第二，网红明星收入不规律，导致他们的消费较为随意。尤其是那些从事与艺术相关工作、在艺术方面有一定见解、有高于或异于常人的审美的网红明星，对于自己中意的商品，无论是服饰、美妆，还是奢侈品、艺术品等，都会产生冲动性的购买行为。这就导致他们的很多资金还未沉淀到储蓄中，就已经被消费掉了。

风险点三：职业生涯持续风险

我们都知道，与传统明星相比，网红明星的"生命周期"短得多，有的甚至只是"昙花一现"。当他们生产的内容质量下降，"人设"崩塌，抑或言行触犯规则底线时，属于他们的那"15分钟"① 就一去不返了。

与名气从有到无相对应的，是收入的变化。网红明星正当红时，会有大笔资金不断进账，但无论是什么原因导致的"过气"，都会造成其收入的大幅下降。俗话说，"由俭入奢易，由奢入俭难"，已经习惯了大手大脚花钱的网红明星，是很难适应普通收入及普通人的生活的。

因此，面对变化莫测的市场，网红明星就要在高收入的阶段选择合理的投资方式与金融工具，将资金固定下来，以保证未来无论收入高低，都能维持高品质的生活。

风险点四：婚姻家事风险

我在服务各类明星客户的过程中，发现在婚姻家事方面，

---

① 15分钟：20世纪美国著名艺术大师安迪·沃霍尔，曾对他所能预见的未来做过预言："每个人都可能在15分钟内出名。"此即著名的"15分钟定律"。

他们普遍都会关注两点：

第一，婚前的个人财产与夫妻共同财产的隔离。很多明星客户在结婚之前就已经积攒了大量财富，这些财富都是婚前的个人财产。如何将婚前的个人财产与婚后的夫妻共同财产做一定程度的隔离，是很多明星客户非常关注的问题。

第二，离婚时夫妻财产的分割。娱乐圈本身就是充满诱惑的巨大名利场，在这个名利场中，很多明星的婚姻并不那么纯粹，双方各有盘算。在这样的前提下，离婚、出轨就不奇怪了。仅2019 年，就有 10 对以上的明星夫妻或情侣公开宣布离婚或分手。离婚必定牵涉夫妻财产分割，因此很多明星客户对这一点也尤为关注。

风险点五：意外健康风险

在我接触的明星客户里，无论是网红明星还是传统明星，只要事业还在上升期或者当红期，都会活跃在全国甚至全世界，基本上不可能有整段的休息时间，要想度个假或陪陪家人，需要推掉许多业务才可以。

一般来说，高净值客户对自己的身体健康都非常关注，网红明星这类特殊高净值客户也是如此，但他们因为时间太紧张，有时候两三年都做不了一次体检。常年奔波，饮食、作息不规律，很容易导致健康方面出现问题。

此外，这些大部分时间都在直播间工作的网红明星，随着名气及收入的提升，有时也会需要外出参加商业活动。在这样的情况下，无论是发生健康风险还是意外风险，都会直接导致其事业发展受阻，收入下降。

对于明星群体来说，意外健康风险带来的损失比我们普通人要高得多，所以提前做好意外、健康风险规划，为自己准备好持续稳定的财务性收入，就显得更为重要。

》》5.2 展业流程

俄国政治家普列汉诺夫有一句名言："艺术家用形象来表达自己的思想，而政治家则借助逻辑的推论来证明自己的思想。"这是人们讨论思维活动时的经典性论断。但这只是理论，在现实生活中，任何认识成果都不是通过单一的思维模式完成的，而是形象思维与逻辑思维相互作用的结果。

形象思维是以具体的形象或图像为思维内容的思维形态，是人的一种本能思维。逻辑思维是人的一种高级思维活动，它通过判断、推理，以获得对事物本质和规律的理性认识。在日常生活中，逻辑思维起着极为重要的作用，它使思维严谨、有条理，使立论变得牢不可破。因此，我们可以将逻辑思维作为一种主导思维进行分析，也就是把它当作形象思维的指导者。

想要高效完成一件事，形象思维和逻辑思维缺一不可，二者结合，才能充分地思考，准确地表达思想。我们保险营销员在与客户沟通时也是如此，不光要具备形象思维来形象地讲述自己的观点，方便客户理解，还要具备严谨的逻辑思维来帮助自己梳理沟通脉络，引导客户思考。

面对网红明星这一类特殊的高净值客户，保险营销员在研究客户情况之前，需要先梳理自己的面谈逻辑，思考面谈逻辑能不能经得起推敲和拆解。如果面谈时保险营销员只是一味地自说自话，毫无逻辑，想到哪儿讲到哪儿，时间紧张的高净值客户是很难坐下来认真与你沟通的，这样就不仅浪费了客户的宝贵时间，还浪费了一次成交大单的机会。

　　为了提高与网红明星客户的成交概率，我们需要一套切实有效的面谈方法来提升沟通效率。下面我给大家介绍一套我日常使用的面谈逻辑。

成交前置面谈模式

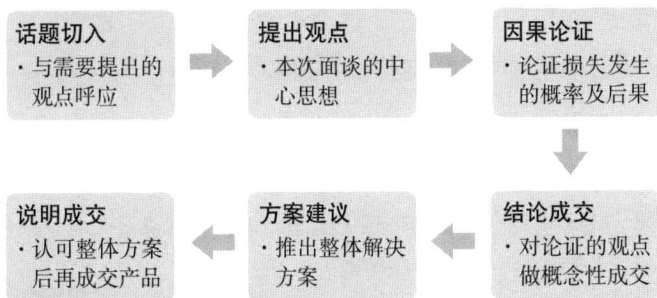

话题切入
· 与需要提出的观点呼应

提出观点
· 本次面谈的中心思想

因果论证
· 论证损失发生的概率及后果

说明成交
· 认可整体方案后再成交产品

方案建议
· 推出整体解决方案

结论成交
· 对论证的观点做概念性成交

　　我推荐的这套面谈逻辑，叫作"成交前置面谈模式"，它有两个关键点：

　　第一，逻辑因果性。绝大多数保险营销员在与客户面谈时，并没有一个逻辑缜密的沟通脉络。我经常说："与客户的交流需要有一条逻辑'脊柱'。顺着'脊柱'去填充需要说明的内容，这样你谈论的一切就有了一个内在逻辑做支撑。"

这一面谈模式就是一根清晰的逻辑"脊柱",保险营销员只要将要说明的问题嵌套在这根"脊柱"里,就能牢牢把握与客户沟通时话题的方向。这样不仅能使自己的逻辑清晰,还能引导客户去思考。

第二,概念性结论成交。在推出具体的保险产品之前,保险营销员可以就着与客户讨论的观点进行"结论成交",也就是说,让客户认同你的观点,与你达成共识。达成"结论成交"后,再提出产品配置方案,并说明产品配置方案对于上述观点中提到的风险能够起到的帮助,再次做"结论成交"。

面谈逻辑剖析

我的"成交前置面谈模式"可分成六个步骤。

步骤一:话题切入

保险营销员可以以最近的热点新闻或客户关注的话题开场。注意,这个话题一定要与你接下来想要说明的观点有关联,以便聊完这个话题后,能及时顺畅地进入下一个环节。

步骤二:提出观点

提出你这次面谈想要与客户沟通的观点。比如,你这次想与客户沟通婚姻风险,话题就可以是诸如"小马奔腾对赌失败案"[1]

---

[1] 小马奔腾对赌失败案:2014年1月2日,北京小马奔腾文化传媒股份有限公司创始人李明突然离世,公司随之陷入混乱,因未能按时上市,其与建银文化产业投资基金(天津)有限公司的对赌协议失败,导致李明的遗孀因先夫的对赌协议,被判承担2亿元的夫妻共同债务。

这样的新闻，话题聊完后落脚于"在婚姻中应该提前准备一些属于自己的资金，以保证发生风险时有基本的生活来源"，这就提出了本次面谈想要说明的观点。

步骤三：因果论证

提出观点之后，就是论证观点是否成立。还是以婚姻风险为例，我们要向客户说明，婚姻中有许多无法预知、控制的风险，例如夫妻财产混同风险、婚内债务风险、另一半健康意外风险等。

在这个环节，当然可以不局限于因果论证，也可以同时使用其他的论证方式，只要能达到下述目的：让客户明白某一风险很可能给他带来损失，且损失发生的概率较高，后果严重。在这里我要提醒大家的是，在论证时一定要注意客观性，绝不能将论证观点的过程变为吓唬客户。

步骤四：结论成交

在论证观点的过程中，保险营销员可以询问客户："未来您有可能会遭受这样严重的损失，此时做相应的风险管理，就能将风险带来的损失降到最低，您是否愿意呢？"

如果客户对你所说的风险有共鸣，表示认同，那么他会积极询问你的建议，你也就成功做到了"结论成交"，此时就可以进行下一步了；如果客户不认可，觉得自己没有你说的这些风险，那你就换个话题，尝试沟通些别的，做其他观点的论证。

步骤五：方案建议

如果客户认可你提出的观点，想要转移风险、避免损失，你就可以顺势推出解决方案。但这个解决方案不能只有你想销售的保险产品，你需要提供一个全方位、多角度的综合解决方案，保险只是整个方案的一部分。

步骤六：说明成交

这里的"说明"并非指说明保险产品的功能与优势，而是解读整个综合解决方案的"功效"。这里要注意，你的解决方案，需要与你之前提出的观点、论证的风险相呼应，并能一定程度上解决你之前提到的风险。

为客户充分说明整体方案后，你便可以就方案中的一种或几种保险产品，为客户做落地配置，最终成交保单了。

以上就是我在实战面谈中最常使用的面谈模式——"成交前置面谈模式"。简单来讲，这一面谈模式就是论文式结构，包括论点、论据、论证和结论。只要有充分有力的论证过程，有与客户自身风险点相切合的论点、论据，你的结论就大概率能得到客户的认同，成交也就顺理成章了。

面谈逻辑与风险点结合

了解了整体的面谈逻辑后，面对网红明星，你还需要结合他们的五大风险点进行深入剖析。具体应该怎么做呢？

对于网红明星的五大风险点，你在面谈前一定要烂熟于心。整个沟通过程中，要依次围绕这些风险点，在因果论证环节进行充分的说明与论证。每种风险都可以导出相应的保险配置，我

们再把这些保险配置方案置于整体解决建议中，就可以更好地
成交。

五大风险点对应的保险配置

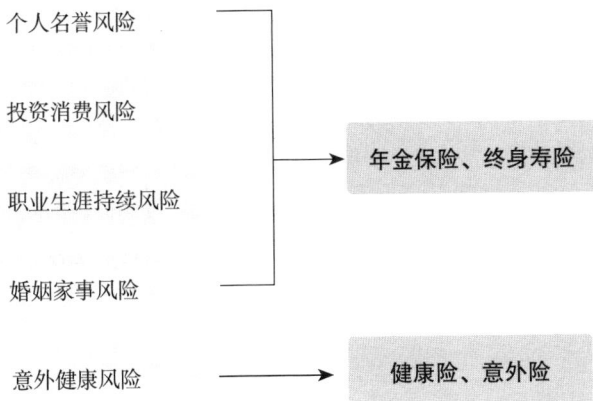

个人名誉风险

投资消费风险

职业生涯持续风险　————————→　**年金保险、终身寿险**

婚姻家事风险

意外健康风险　————————→　**健康险、意外险**

　　五大风险点中的个人名誉风险、投资消费风险和职业生涯持
续风险，都可能导致收入不稳定，也就是现金流不稳定。我们的
年金保险以及终身寿险，可以提供稳定、持续的现金流，解决以
上三个风险。这就需要网红明星客户在收入稳定时，通过配置年
金保险或终身寿险，将劳动性收入及时转化为财务性收入，防止
因劳动性收入降低或中断而影响生活品质。

　　婚姻家事风险涉及个人资产的婚前隔离及婚后保全，可以通
过合理设计保单的三大主体——投保人、被保险人、受益人的架
构，来应对这类风险。

　　意外健康风险，就是指客户可能发生的身故或罹患重大疾病

等风险，我们可以通过为客户配置健康险和意外险，达到转移风险的目的。

以上就是我跟大家分享的我日常使用的面谈逻辑——"成交前置面谈模式"。大家只要从客户存在的风险点去切入话题，按照这六个步骤实施，达成一次次结论成交，就能够做到"四有"：有话题、有逻辑、有方案、有营销。

解决了逻辑难题，如何清晰、生动地把它在客户面前表达出来，如何用语言引导客户思考风险问题，考验的是保险营销员的形象思维能力。这就需要保险营销员在与客户面谈前，先自己做几次情景演练，把客户可能感兴趣的话题、可能提出的问题都考虑到，尽量让整个面谈过程在你的演练范围之内。这样一来，你的保单成交概率肯定不会低。

⟫⟫⟫ 5.3 案例复盘

接下来，我给大家详细复盘我成交一位网红明星客户的过程，希望能帮助大家更好地理解"成交前置面谈模式"，掌握网红明星客户的特点，以及与他们沟通的要点。

第一次面谈

2020 年 5 月，我面谈了一位在某购物平台做直播的网红白先生，云南省临沧市人，29 岁。对茶文化有些了解的朋友都知道，临沧是普洱茶的大产区。2016 年，白先生开始在当地做茶叶销售的直播。虽然年龄不大，但凭着家庭的熏陶和个人的钻研，白先生对普洱茶有非常独到的见解，他一边在直播平台上传播自己对普洱茶的理解，一边推荐茶饼。就这样，他慢慢吸引了一群同样爱茶的粉丝，虽然数量不是很多，只有不到 1 万人，但这些粉丝的忠诚度和购买力都很高。因此，他的收入在 2019 年接近 40 万元，2020 年疫情背景下，网络带货更加风靡，他的收入又上了一个台阶。

结合网红明星客户存在的五大风险点及白先生本人的情况，我将第一次面谈的主要内容锁定在了"个人名誉风险""投资消费风险""职业生涯持续风险"这三个方面。在面谈之前，我根据"成交前置面谈模式"，认真地做了准备。

风险点一：个人名誉风险

首先，我聊了聊娱乐圈一些明星的事，导出一个结论："无论是明星还是网红，作为公众人物，个人名誉非常重要，一旦名誉受损，会直接影响个人收入。"然后，我与白先生就这一观点进行了沟通。对此他也非常认可，他知道如果自己在直播中说错话，表现不佳，或者货品出现质量问题，都会产生名誉受损、收入下降的连锁反应。

白先生还提到，由于他最近几年收入挺高，花钱也就比较随意，但他其实一直担心这样的收入能不能持续。一旦将来收入下降，无论是个人消费还是家庭生活，都会受到很大的影响，他肯定很难接受。我顺势提出"需要配置能够提供稳定现金流的金融工具"，并与他就这一点达成了共识。

到这里，我已经完成了"成交前置面谈模式"中"结论成交"的环节，但现在还不着急推出保险产品。

风险点二：投资消费风险

顺着沟通脉络，我与客户沟通了第二个潜在风险——"投资消费风险"。通过沟通我发现，白先生把大部分的资金都放在老普洱茶的投资当中，例如购买 2018 年的茶，然后放置至 2024 年以后再出手，只要选对了茶，增值一般可以达 50%，利润很可观。但是他自己也意识到这样的投资风险很大，不应该把所有投资都放在一个"篮子"中。

这就再次论证了前面我们得出的"需要配置能够提供稳定现金流的金融工具"这个结论。因为只有这样，才能保证无论茶饼投资收益如何，白先生都有稳定的收入。

风险点三：职业生涯持续风险

我与白先生沟通的第三个潜在风险是"职业生涯持续风险"。前面也提到了，如果白先生在直播当中说错话，直播状态不好，或者产品质量有问题，带来的名誉受损很可能会导致他的收入下降，严重的话，甚至会威胁他的职业生涯。

此外，主播这种高强度的工作，随着年龄的增长及粉丝需求的增加，他的身体也有可能吃不消。

这就更加印证了应该在职业生涯上升期提前布置稳定现金流的重要性，我也再一次与白先生达成了"结论成交"。

提供配置方案

与客户沟通了以上三大风险点后，我建议白先生做两个方面的配置，分别是购入投资型房产与配置年金保险或终身寿险。

之所以这样配置，是因为房产投资能实现资产的保值，而保险则能百分之百给他提供持续稳定的现金流。目前白先生处于收入的上升期，应该将资金提前锁定在固定收益产品中，以防因为"个人名誉风险""职业生涯持续风险""投资消费风险"而导致收入下降。

例如为白先生配置年金保险，可以保证他未来每年都能拿到一笔持续增长的资金，即使收入下降，正常生活也不会受到影响。不仅如此，因为年金保险在前期现金价值比较低，白先生不能够随便取出，一定程度上也限制了他随意使用这笔资金，防止冲动性投资。

可能有的保险营销员会有疑问：我们不是需要营销保险产品吗，为什么还要建议客户买房子？这就是我在"方案建议"里提到的，要给客户提供综合的解决方案，不能仅仅罗列你想要销售的保险产品。网红明星这类高净值客户的洞察力是很强的，你的一点点动作及语言上所表现出来的营销感，他们都能感受到。一旦让客户有这样的感受，接下来的沟通就会非常困难。

所以我反复强调，一定要推出整体解决方案，而不是把保险当成"大力丸"来卖，毕竟没有任何一种工具可以解决所有问题。整体方案的推出会淡化我们营销的痕迹，也是我们真正站在客户的角度思考问题的表现。

经过第一次面谈沟通，白先生基本认可了"应该提前做能够提供稳定现金流的金融工具配置"的观点，这得益于我以网红明星客户的三大风险点为切入口，达成了三次"结论成交"。只有在面谈中不断地进行"结论成交",而非不断地销售产品,才能使客户感到舒适,减少异议。

以上是我与网红明星客户白先生第一次面谈的情况。我从三个风险点切入,分析了它们可能会给白先生未来生活带来的不利影响,推出整体的解决方案,并与白先生就整体方案达成一致。但是我们的第一次面谈只做到了"概念性结论成交",所以在接下来的第二次面谈中,就要做到"落地成交"了。

第二次面谈

风险点四:婚姻家事风险

在第一次沟通中,我了解到白先生已经与女友交往两年多,并准备在近几年结婚。女友是白先生合作茶厂中的一位员工,两人除恋爱关系以外,还有一些业务合作关系。谈到婚姻时,白先生自己也觉得,现在的婚姻已经不像以前那么纯粹,各类明星的分手、离婚新闻让他也有所担心。

因此在第二次面谈中,我就以"婚姻家事风险"为沟通重点,通过明星离婚财产纠纷一类的热点事件切入,提出"在婚前或婚内,无论双方感情如何,都应该准备一些专属于自己的财产"的观点,接着分别分析和论证了三个问题:第一,婚后财产归属不明确;第二,父母给的钱属于夫妻共同财产;第三,一方婚后收入为夫妻双方共同所有。

我注意到,当我说到"一方婚后收入为夫妻双方共同所有"时,白先生的肢体动作和神情有所变化,显然他对这个话题非常感兴趣。接下来,我就结合第一次面谈时确定的方案,给出了更有针对性的方案。

第一，房产占用资金量比较大，并且即便婚前购买的房产在婚后出租，所得租金也属于夫妻双方共同所有。因此，我建议白先生将房产的出租事项委托给父母代理，这样可以在一定程度上避免租金变为夫妻共同财产。

第二，尽快配置有合理架构的年金保险或终身寿险，比如在结婚前选择短期交费的年金保险，白先生本人做投保人和被保险人，父母为身故受益人，如果白先生在婚前就交费完毕，这笔资金就属于白先生的个人资产，与其配偶无关；如果在交费结束前就结婚，可以变更投保人为白先生的母亲，剩余保费让母亲来交，这样也可以保证这笔资金与配偶无关。

风险点五：意外健康风险

在第二次面谈中，我还穿插提到了意外健康风险。2020 年可谓是直播电商爆发之年，行业竞争激烈，大量人员涌入，主播的生存状况也很严峻。虽然很多主播平均每天直播时长只有 2 ~ 6 小时，但算上前前后后的准备时间，每天至少要工作 10 小时，高强度的工作带来的压力是巨大的。根据 2020 年 1 月丁香医生发布《2020 国民健康洞察报告》，有超过 60% 的主播担心自己会猝死。

听到我说的行业现状，白先生也非常认同。而且通过沟通我发现，生活中白先生基本没有时间做体检，除了为保证直播顺利，比较注意喉咙的保养，他并不太注意身体其他部位的健康。白先生还提到，虽然这几年基本都是在临沧工作，但随着粉丝量的增加，他准备下半年在云南省周边做一些线下见面会活动，可能需要频繁出差。长期不注意保养以及经常熬夜直播，给白先生的身体带来了健康隐患，未来差旅较多也隐藏着意外风险。因此，白先生又为自己配置了重大疾病保险及意外伤害保险。

以上就是我与一位典型的网红明星客户白先生的全部面谈过程。在两次面谈中，我采用"成交前置面谈模式"进行沟通，重点分析了网红明星客户的五大风险点，最终做到了"概念性结论成交"和"整体方案成交"。

最后我想说的是，大家在面谈明星客户时，不用太担心有人与你竞争，因为能接触到明星客户的保险营销员相对较少。如果你接触到了，只要按照合理的沟通面谈逻辑，客观地分析明星客户的风险点，并且在提出方案时站在客户角度给出整体解决方案，把保险产品嵌入其中，那么你与这类客户成交的概率就会很大。

⟫⟫⟫ 5.4 展业心得

提供整体解决方案

使用"成交前置面谈模式"时，一定要放平心态，不要急于求成，也不要急于推出单个保险产品，一定要在客户认可你提出的观点之后再推出方案。方案必须是综合性的，等客户认可整体方案后，再重点促成保单。在促成保单前，"结论成交"的次数越多，你的促成过程就越简单，成交概率也就越高。

关注五大风险点

在"认识客户"部分，我总结了网红明星客户的五大风险点，但这并不是这类客户的所有风险点，只是对于网红明星客户而言，这五种风险较为普遍。大家在衡量网红明星客户能否成交时，可以重点去关注这五个风险点，如果对方存在三个以上风险点，成交保单的概率就很大了。

找到与风险点相对应的保险产品

在五大风险点中，前三个风险点（个人名誉风险、投资消费风险、职业生涯持续风险）总结来说就是收入不稳定。如果想要保证生活品质不受影响，就要提前配置能产生稳定现金流的金融工具，也就是年金保险或终身寿险。第四个风险点（婚姻家事风险）涉及婚姻财富保全，年金保险和终身寿险在这方面拥有独特的优势。第五个风险点（意外健康风险）集中于客户的意外和健康风险，主要引导客户配置意外险及健康险。

心态平和，平等沟通

最后，我想跟大家分享的是心态很重要。网红明星其实就是一类稍微特殊的高净值客户，高净值客户有的烦恼他们都会有，甚至更多。特别是在当下这个时代，网红明星层出不穷，他们因为成名快，收入快速增长，缺乏财富管理与规划的意识，更需要保险营销员的帮助。所以我们在与网红明星客户沟通时，一定要保持平常心，不必太过拘谨，那样反而无法做到有效沟通。

南北朝时期的刘勰在《文心雕龙》中写道："操千曲而后晓声，观千剑而后识器。"意思是，掌握很多支乐曲之后才能懂得音乐，观察过很多柄剑之后才懂得如何识别剑器。

　　在本章我为大家分析了网红明星客户的特点以及话题切入点，讲解了实战面谈方法，展示了与网红明星客户的面谈案例，相信大家对如何面对这类客户，已经胸有成竹。但是想要在日常工作中灵活运用，还需要一次又一次的打磨、练习。只有在实战中不断积累，才能稳健地成长。

第6章　富太太

本节老师：钟志政

>>> 6.1　认识客户

因为新冠肺炎疫情的爆发和蔓延，无论是对于中国经济，还是对于世界经济，2020 年都是意义重大的一年，可以说几乎各行各业都受到了影响。但在整体经济环境不是很景气的情况下，保险行业却逆流而上，随着国人风险意识的不断觉醒，人们对保险的态度逐渐从"要我买"过渡为"我要买"。

根据 2020 年 11 月中国平安联合 21 世纪经济报道、21 世纪金融研究院、南方财经全媒体集团发布的《低利率时代资产配置白皮书》，在随机进行的 200 人抽样调查中，约 80% 的受访者表示"买保险很重要"；约 56% 的受访者表示"愿意购买保险，提升个人和家庭保障"。银保监会的数据显示，2020 年 1 月至 9 月，保险业实现原保费收入 3.7 万亿元，同比增长 7.16%。亚洲再保险业务首席执行官及亚洲区总裁赫博山在 2020 年 4 月 28 日发布的《瑞士再保险新冠肺炎疫情消费者调研》中说道："通过调查结果我们可以看到，在新冠肺炎疫情肆虐的极端时刻，拥有保单是头等大事。"

作为保险从业者和保险消费者，我们在研究不同客户群体适合的保险产品时，需要对症下药，因为不同的个人或者家庭存在的风险也不相同，这就需要保险营销员具备专业的风险识别技能，能够精准定位风险，匹配产品，形成整体方案。

2020 年疫情期间，我得空整理了过往成交的高净值客户资料，发现与我成交大额保单的客户中，竟有一半多都是"富太太"。为了帮助保险营销员了解这一群体，我根据自己多年的工作经验，总结了富太太群体的三大特点。

特点一：时间充裕，资产丰厚

"富太太"身上最明显的标签，是时间多和金钱多。她们资产丰厚，丈夫多忙于经商，自己则在家做全职太太。由于时间充裕，她们多通过逛街购物、朋友聚会、美容健身、外出旅游等途径来打发时间。但还有一类富太太，不甘于退居二线，而是利用闲暇时间学习各种投资理财知识，打理家庭财产，她们活跃于各种金融机构的交流活动，旨在寻求更加多元化的理财方式。在一些一二线城市，她们还成立了不少"富太太理财团"，相互交流理财心得。

特点二：年龄偏大，关注下一代

富太太的年龄偏大，集中在 40～65 周岁。这一年龄段的女性多数已有子女，且子女要么在接受高等教育，要么已经开始谈婚论嫁，因此她们对子女教育的规划及子女婚前财产的规划较为急迫。除此之外，如何安全、高效地将财产传承给下一代，也是富太太的一大关注点。而客户的关注点，就是保险营销员切入保险的黄金话题。

特点三：离婚率较高，缺乏安全感

据 2020 年 9 月民政部正式发布的《2019 年民政事业发展统计公报》，2019 年全年依法办理结婚登记 947.1 万对，离婚登记 415.4 万对，离婚率为 3.4‰，与往年数据相比，中国离婚率已经连续 16 年上涨。离婚率持续上涨的原因众多，但这在一定程度上反映了社会现状，难免也会让富太太生出危机感。事实上，高资产家庭的离婚率确实比一般家庭更高一些。对于富太太来说，离婚不仅仅意味着感情的破裂，还意味着大量财产的分割。部分危机意识较强的富太太已经在提前规划婚姻财产，确保即使离婚，接下来自己的生活仍然可以正常继续。

>>> 6.2 展业流程

了解了富太太群体的一般特点，我们对其存在的风险需求以及如何解决这些需求，也就有了一个大致的判断。

在展业流程部分，我根据自己的工作经验，总结了与富太太群体成交保单的过程，共分为四步：了解客户的 KYC 信息，掌握与客户面谈的技巧，制订规划方案，跟进客户与提供后续服务。如果保险营销员能够真正做到我所总结的这四个要点，相信他成交保单的概率一定会有所提高。

了解客户的KYC信息

面谈之前，我们需要通过分析客户的 KYC 信息表，收集客户的三类信息：资产状况、家庭状况及客户需求。

资产状况分为企业资产、不动产、金融资产；家庭状况包括客户的姓名、年龄、职业、婚姻状况、子女及父母情况；客户需求包括现阶段客户反馈的需求，以及保险营销员初步识别出的潜在需求。

要提醒大家的是，我们要确保自己收集到的客户信息是准确无误的，对于不确定的问题，可以跟客户进行再次沟通，但一定不要在客户信息尚不确定的情况下就为客户分析需求，提供解决方案，因为任何一个模糊的信息都可能对最终的方案造成影响，给保单的成交带来困难。

富太太作为高净值客户，这三类信息与普通客户相比要更为复杂，因此保险营销员千万不要把面谈过程当成简单的保险产品讲解及销售，而是要针对客户的整体资产情况，家庭、企业情况等做全面的风险分析，提出相应的风险规避方案。我们所销售的保险只是作为其中一种金融工具，出现在提供的综合解决方案当中。

掌握与客户面谈的技巧

与富太太这一类的高净值客户面谈，有四个要点需要大家特别注意。

服务优先

富太太客户与我们接触时，往往是带着问题来的，所以，我们需要先回答好客户的问题，提出有针对性的解决方案，切忌一开场就营销保险产品。因为此时我们还没有让客户建立起信任感，销售痕迹太重往往会招致客户的反感和抗拒。

服务优先，就是以服务的姿态与客户交流。我在展业当中与客户的沟通时间往往长达 1 ~ 2 小时，提到保险产品的时间可能只是在最后的 10 分钟，前期 90% 的时间都是在为销售保险产品做铺垫。

放大需求

与富太太客户面谈时，我们一定要找到她们的潜在风险，让她们意识到潜在风险的危害。这样做的目的是帮助客户全面排查风险，进而引导客户做出投保决定。这也就要求我们在沟通过程中，要站在客户的角度考虑问题，认同她们的感受，帮助她们梳理问题，认清风险一旦发生会产生什么影响、造成什么损失。用有理有据的分析告诉客户，现在就是防范风险的最佳时机。

需要说明的是，我们在此过程中要就事论事，不能夸大问题，不能为了自己的业绩而误导客户，引诱她们为不存在的风险埋单。

抓住痛点

个人财产保全是大部分富太太的痛点，毕竟拥有优越的物质生活，并不意味着也拥有幸福美满的婚姻。我们在分析富太太的特点时提到，她们是一个很缺乏安全感的群体，这种安全感缺乏的主要原因就是婚姻。

　　如果妻子当着丈夫的面问"我和事业哪个重要",丈夫的回答肯定是"你重要",但妻子不在面前的时候,事业往往才是丈夫心中的"宠儿"。在现实中我们也可以看到,有很多富太太常年与丈夫分隔两地,聚少离多,感情也因此而产生了裂痕。情感的缺失、对婚姻的不自信,使得许多富太太不得不考虑最坏的情况,提前安排好个人财产。

　　此外,子女婚前财产隔离也是富太太的一个痛点。某种意义上,这也是她们把自身对婚姻的担忧,延续到了儿女的婚姻上。因此,个人财产保全与子女婚前财产隔离,是我们与富太太客户面谈时要重点把握的话题。

强调保险的功能性

　　与其他金融工具相比,保险的优势不在收益,而在功能。它在财富传承、财产保全、收益锁定、债务隔离等方面有着独特的作用。我们在跟富太太这类高净值客户介绍保险产品的时候,不必过分强调收益,因为对比高净值客户多元化的投资渠道,保险产品的收益不算突出,保险营销员应该紧扣客户需求,更多从保险的保护功能出发,帮助客户认识到保险的优势。

制订规划方案

　　了解客户的 KYC 信息,掌握了沟通要点之后,保险营销员需要根据客户的需求,给出具体的规划方案,帮助客户解决问题。在为富太太做保单规划时,保险营销员要注意以下两点:

为富太太做保单规划，一定要做得足够大

富太太的资产动辄数以亿计，倘若保险额度不够大，非但不能帮助她们解决问题，反而会成为她们的负担。因为保险的优势在于保护功能，如果保额在客户的全部资产中占比太小，就难以帮助她们解决资产传承、财产保全等问题。花费了钱和时间，却没有看到效果，保单对于客户来说就是累赘。这样不仅会给客户带来不好的购买体验，还可能导致保险营销员失去这个与客户签大单的机会。

帮富太太梳理保单，建立信任感，发现新契机

保险营销员在与富太太面谈时，她们可能会以"已经买了保险"为由拒绝你。遇到这种情况，大家可以试着帮她们梳理保单。

一来，让客户觉得你是在切实为她们考虑，想真心实意地帮助她们。女士相较于男士更感性，当她们感觉到你是在真心帮助她们的时候，她们对你的信任感就逐渐建立起来了。

二来，客户对保险的需求是综合的，保险对家庭或个人的资产起到的作用也是多维度的。在梳理保单的过程中，你也许能发现新的契机，比如客户原本是想配置养老保险，梳理保单时发现客户还缺乏相应的重大疾病保障，这就是新的销售契机。

跟进客户与提供后续服务

提出规划方案之后，要注意跟进客户，因为与客户面谈结束后的 2 周内，才是最让人提心吊胆的时刻。很多大单死在"黎明前夕"，就是因为跟进环节不到位。这里有两个要点需要保险营

销员重点注意。

计划书的制作

与客户就保险产品规划方案达成一致后，计划书的制作非常重要。很多保险营销员只是单纯地将保险产品的利益演示给客户，并没有针对面谈的重点进行分析与总结，这样的计划书其实就是一份无效的计划书。一份合格的计划书，是要总结面谈要点，罗列客户风险，提出解决方案，并分析对比方案，最后才是具体的产品演示。

用优质的后续服务形成"客户粉丝团"

除了跟进保单的成交，为客户提供优质的后续服务也非常重要。客户的保险需求往往是多元的，好的后续服务不仅能给你带来追加保单的机会，还能为你带来强大的"客户粉丝团"。富太太的朋友圈里有很多富太太，服务好了一个，你就有更多签下大单的机会。

⟫⟫⟫ 6.3 案例复盘

下面我就给大家详细复盘我成交的一位富太太客户，最后的成交结果是：总保费为 2500 万元、5 年交。展业流程中我提到，保险营销员在与客户面谈之前，要准确填写客户 KYC 信息表，包括客户的家庭状况、资产状况及客户需求，并以此来判断与客户成交的可能性。

客户基本信息

张女士，59 岁，是多家公司的法定代表人；初婚配偶李先生已去世，她目前单身；唯一的儿子 36 岁，娶了一位家境一般的外地媳妇，育有两个子女；李先生的父母都已去世，张女士的父母均在世，但父亲身体不好，母亲身体尚可。

张女士的资产状况可以分为三部分：企业资产、不动产以及金融资产。首先是企业资产，张女士名下有 8 家公司，涉及餐饮、租赁、制造、物业管理等行业，经营状况良好，均处于盈利状态。她的儿子儿媳有自己的公司，但经营状况并不乐观，夫妻二人近来争吵不断，张女士因此对儿子的婚姻忧心忡忡，担心儿子一旦离婚，自己与丈夫辛苦打拼下来的财富可能面临分割和外流。

再来看不动产和金融资产，张女士在广东省广州市城区有 6 套房，目前 3 套在张女士名下，3 套在儿子名下；有存款及短期理财 1500 万元、股票及债券 2000 万元。因为上了岁数，张女士目前已开始考虑怎么将数额庞大的资产安全、高效地传承给儿子。

此外，张女士还告诉我，她已经给父母和自己准备了足够的资金以满足生活所需，养老方面没有问题，不需要再做其他配置。

综上所述，我们可以清楚地看到，张女士的核心需求其实只有一个——防范儿子的婚姻风险，将财产安全、高效地传承给儿子。

客户需求分析

如果张女士的儿子将来发生婚变，必然会面临夫妻共同财产分割的问题。

关于夫妻共同财产，我为客户列举了《民法典》婚姻家庭编第一千零六十二条和第一千零六十三条的规定，用简单易懂的语言解释了哪些财产属于夫妻共同财产——夫妻双方在婚姻存续期间产生的包括工资、奖金、劳务报酬，生产、经营、投资的收益，知识产权的收益，继承或受赠的财产，还有养老保险等津贴在内的所有收入，都属于夫妻共同财产。

比如，张女士的儿子的公司虽然是在婚前成立的，但是婚后公司增值的部分，按照《民法典》的规定，应当属于夫妻共同财产。

对夫妻共同财产的界定有了了解之后，张女士告诉我，她希望能够将自己名下的财产全部给到儿子，保证不被儿媳分割。

《民法典》继承编第一千一百二十七条规定："遗产按照下列顺序继承：（一）第一顺序：配偶、子女、父母；（二）第二顺序：兄弟姐妹、祖父母、外祖父母。"

张女士的儿子是独子，属于第一顺位继承人，张女士百年之后，他继承母亲的资产完全没有问题，但这笔继承的财产属于夫妻共同财产，一旦他发生婚变，依照法律，他要将所得财产的一半分给妻子。也就是说，张女士的财产届时将会有 50% 归属于儿媳，最后落到儿子手里的只有 50%。再考虑到未来中国有可能会征收房产税、遗产税，张女士的房产、公司股权、现金在传承过程中，都会面临大打折扣的风险。

提供解决方案

针对张女士的需求和将要面临的风险，我为她提供了以下解决方案，重点就是要做到"提前规划，给钱写上名字"。

但张女士面临的一个棘手问题是，在儿子结婚前，她把 3 套房子过户到了儿子名下，她一直担心儿子迫于经营压力会悄悄将房产抵押出去，或者擅自变更房主姓名，把房产变成夫妻共同财产或者儿媳的私人财产。因此，我将张女士的财产划分为三部分，提供了有针对性的解决方案。

第一部分财产是已经过户到儿子名下的房产。这 3 套房子是在儿子婚前过户的，那么它们自然就是只属于儿子一方的婚前个人财产。如果张女士担心儿子会悄悄将房产抵押出去，或者擅自变更房主姓名，那么她可以让儿子对房产做反向抵押。一旦办了房产反向抵押手续，儿子想要把房子抵押出去，或者变更房主姓名，都需要张女士先解押，这就确保了张女士对这 3 套房子的控制权。

第二部分财产是目前还在张女士名下的那 3 套房子。如果张女士现在想把它们赠与儿子，赠与时就必须写一个"赠与协议"，在协议当中明确规定与其配偶无关。如果她觉得现在赠与还早，想在百年之后留给儿子，那么也要在遗嘱里明确写出房产与其配偶无关。这样就能确保哪怕儿子的婚姻发生意外状况，这些财产也都属于儿子个人。

第三部分财产是金融资产。传承金融资产主要有两个工具——家族信托和人寿保险。它们既能满足客户的分配意愿，同时具备相应的法律效力。当然，家族信托与人寿保险在实际操作过程中，各有利弊。比如，家族信托受益人的范围更广，人寿保险受益人的范围比较小；家族信托的收益更高，但设立门槛也高，人寿保险的收益比较低，但设立门槛也比较低，而且更安全。

在这个案例中，对于张女士的需求和将要面临的风险，人寿保险这个产品最为合适。因为人寿保险可以明确指定受益人，相当于给财产写上了儿子的名字，能够有效避免儿媳将来和儿子分财产。此外，用人寿保险传承财富，还可以绕开复杂的继承权公证手续，顺利地将财产按照张女士的愿望传到儿子手里。

张女士对我提供的解决方案十分满意，但是在接下来的实操环节，她又提出了新的问题，说已经买了每年 30 万元的保险，交 15 年，算下来已经交了 400 多万元，觉得保险已经买够了。

根据张女士当时的资产情况，我对她已经购买的保险做了一个分析，然后告诉她："对于目前您拥有的 2 亿元左右的资产总额来说，您买的这 400 多万元的保险，只占整个家庭财富的 2%，在传承过程中并不能起到什么作用。"张女士一听就明白了问题的关键——虽然她买了保险，但额度太小，不能帮她实现把财产全部传给儿子的目的。

多次沟通之后，我帮张女士搭建了一个合理的保单架构：张女士作为投保人和被保险人，她的儿子作为身故受益人，购买大额终身寿险。这样既可以做到财产的定向传承，同时也能将这笔财产与儿子的夫妻共同财产区分开。

投保人		被保险人		身故受益人
·张女士		·张女士		·儿子

我还跟张女士建议，以后有条件的话，也可以去设立一个保险金信托。与家族信托相比，保险金信托门槛低，一般累计500万元保费或保额即可设立[1]，而且流程简单，现金也不会被一下子限制住。与人寿保险相比，保险金信托的受益人只要和委托人有亲属关系即可，范围更广。设立保险金信托，只需要投保人购买大额人寿保险，将保单受益人变更为信托公司，再由投保人（委托人）与信托公司签订信托合同，并在信托合同中约定受益人及分配条款，这样就能够更安全地传承财富。

就规划方案与客户达成一致后，跟进客户与提供后续服务环节至关重要，包括给客户送达一份清晰、完整的计划书，及时解决客户的疑问，节假日送上关怀与问候，等等。

与张女士签单之后，我没有把她忘在脑后，适当地与她保持联系，持续输出自己的专业价值。半个月后，张女士主动联系我，告诉我她有一位好友也想要了解保险。不知不觉中，我的客户群里富太太客户多了不少，大都是由我的老客户介绍而来的。我想告诉保险营销员的是，只要你具备让人信任的专业能力，能够时刻保持服务优先的态度，有一颗为客户解决问题的诚心，就会有越来越多的客户愿意与你成交保单。

---

[1] 同 58 页。

⟫⟫6.4 展业心得

不能急功近利

与客户接触时，向客户销售保险是我们的最终目的，但我们不能急功近利，而是应该秉持服务优先的理念，把最终目的当成为客户服务的副产品。高净值客户都是经过各家银行的"洗礼"、经历过"大风大浪"的，保险营销员必须以服务的心态与客户交流，才能让客户接纳我们，将真实所想表露出来。

接得住客户的话题

这是建立在前期充分的 KYC 信息分析基础上的，客户喜欢哪些破冰话题，我们要提前准备。面谈途中，客户提到一些话题，我们要能接得上，否则就会给客户造成不专业的印象。

讲解对比尽量客观

面谈过程中，客户肯定会提出很多的问题和异议，不要惊慌，提出异议才是销售的开始。客户有异议，代表客户对这个话题感兴趣。尤其是在客户提出同业产品对比或者不同金融工具对比时，作为专业的金融从业者，一定要客观，不可强行攻击同业，一味突出自己的优势。

出具方案而并非单一产品

客户需要的解决方案往往都不是一种金融工具就能够解决的。比如案例复盘部分张女士的例子，就涉及房产反向抵押、家族信托、大额人寿保险等。我们提供给客户的一定是综合的解决方案，而非简单的一份产品折页和利益演示。

把握好以上几个要点，我们与客户的面谈才能避开误区，提高成功率。

第7章　企业家

本节老师：梁磊

》》》7.1　认识客户

在展业过程中，你肯定遇到过"有的客户就是搞不定"的情况。"搞不定"的原因当然是多种多样的，但我以为其中有两点最为重要。

第一点是客户不了解我们，对我们没有信任感。保险是一种长期型的产品，与衣服、家具、短期理财产品等不同，很多保险产品比如终身型年金保险，保险期限跟被保险人的寿命一样长。对这类长期型的产品，客户往往都比较慎重，更倾向于选择自己信任的保险营销员。如果我们得不到客户的信任，当然就会"搞不定"。

第二点是我们不了解客户。说到这个，可能会有人不服气："我知道这个客户在银行有 500 万元存款，我还知道客户买了哪些理财产品、哪些基金、哪些股票……"事实上，仅仅了解这些是不够的，我们需要对客户有更深入和细致的了解。

关于了解客户，每位营销高手都有自己的理论，我自己的方法是"由面到点"。也就是说，我先从总体上判断这个客户成交的概率有多高，然后分析他所在群体的特点，最后对这位客户进行有针对性的调查和分析。在这一部分，我先介绍客户的一般性特点，至于如何针对具体的客户做信息收集和分析，我会在"展业流程"部分详细解说。

成交概率高的客户的七大特点

什么样的客户最有可能成交？这可能是很多保险营销员都感兴趣的话题，因为知道了这一点，我们就可以重点"捕鱼"。根据我的经验，成交概率高的客户，大致有以下七个特点，客户具备的特点越多，成交概率就越高。

特点一：熟悉

成交的基础在于信任，信任源于熟悉。所以，一定要跟客户熟悉半年以上，至少也得认识半年以上，比较有把握的时候才能邀约，否则我们把理念铺垫到位了，最后单子没成，岂不是为他人做了嫁衣？

特点二：有闲钱

如果你发现这位客户银行的活期账户上压根就没有钱，或者房贷非常高，同时手里没有活期资金，那么，短期内你跟他成交的概率就会很低。他一定要有闲置现金或其他流动性很高的资产，成交才有希望。这一点很容易理解，但很多保险营销员因为高净值人士身上的光环太炫目，反而忽略了这一最基本的条件。

特点三：年龄在 40～60 岁之间

在实践中我发现，年龄在 40～60 岁之间的客户，签单成交的概率比较高。

40 岁以下的客户成交率偏低，主要是因为他们往往还没有成家，或者成家了还没有孩子，身上的责任感比较弱，沟通难度较大。

60 岁以上的客户往往没办法自己直接做决定，大都需要和家人商量。尤其是在银保线上，银行保险的出单系统被保险人年龄上限为 60 岁，导致这类客户在做保单架构的时候，只能自己做投保人，自己的孩子做被保险人。其他人的参与都会降低这张保单成交的概率。

相比较来说，40～60 岁之间的客户，责任感较强，购买实力也比较强，所以最容易成交。

特点四：有子女

没有子女的家庭，也称为"丁克家庭"。丁克家庭的夫妻因为没有子女，为他们配置保险产品时就少了一个非常好的切入点，所以成交难度更大。

特点五：有保险意识

如果我们见的客户本身具备一定的风险意识，能够认同保险，成交概率就会更高。虽然经过我们保险从业者几十年的努力，国内很多人已经有了保险意识，但也不乏有人依旧对保险存在偏见和误解，觉得保险就是骗人的，像防骗子一样防着我们保险营销员。如果客户本身排斥保险，我们就无法有效地给他介绍保险产品，而是需要先消除他的偏见，再启发他的保险意识，难度自然会大得多。

特点六：存在四类法商需求

经过这么多年的实战，我发现客户如果有四类法商需求，成交概率就会更高。

这四类法商需求分别是：（一）传承；（二）婚姻财富保护，可以是客户本人有这方面的需求，也可以是客户的子女；（三）家业、企业资产隔离，如果客户是企业家，一般都会有这方面的需求；（四）合理避税，可以是国内的合理避税，也可以是子女或本人的海外合理避税。

在我成交的所有保单当中，有传承意愿的客户成交概率最高，几乎占成交保单的 60%；有婚姻财富保护需求，尤其是涉及子女婚姻财富保护需求的客户，占成交保单的 20% 左右；有另外两种法商需求的客户，共占成交保单的 20% 左右。

特点七：能做主

在展业过程中，我们经常会遇到客户说"我回去和家人商量一下"，这句话的出现无疑会增加我们成交的难度。我们沟通的客户最好是能自己做主的，而不需要找家人商量，否则我们这次沟通很可能就是无效的。一般情况下，涉及的人越多，成交的概率就越低。

企业家群体的三大特点

前面我们对所有客户做了一个"全景扫描"，分析了成交概率高的客户都有哪些特点。下面我们把"扫描"范围缩小一点，聚焦到企业家这个群体上。

在当今社会，企业家是掌握财富的主流群体。根据胡润百富发布的《2020方太·胡润财富报告》，中国大陆拥有千万元资产的高净值家庭中，企业家家庭占60%；拥有亿元资产的超高净值家庭中，企业家家庭占75%。对于金融业销售人员来说，"得企业家者得天下"的说法一点都不夸张。

拥有千万元资产及亿元资产的高净值家庭比例

	拥有千万元资产的高净值家庭比例	拥有亿元资产的高净值家庭比例
企业家	60%	75%
炒房者	10%	15%
金领	20%	0%
职业股民	10%	10%

在多年服务客户的实践中，我发现相对其他客户群体，企业家群体有着自己的特点。了解这些特点，能够帮助我们更好地为企业家群体提供服务。

特点一：时间宝贵

企业家是与时间赛跑的人，往往工作都比较繁忙。所以在为他们服务时，保险营销员务必做到言简意赅、干净利落。就我自己来说，为企业家客户服务时，力求做到"一句话能说明白的，绝不说两句话"。

特点二：注重干货

企业家抽出时间来和我们见面，就是为了解决自己的问题。所以保险营销员在为他们服务时，务必做到问题导向、全程干货。我跟企业家客户面谈时，会紧扣三个主题：提出风险、分析风险、呈现方案。即便做不到每句话都有用，也一定要做到每段话里都有干货。

特点三：关注企业

企业家的大部分精力往往都放在企业上，同时企业也是他们财富的主要载体，所以一般而言，他们最主要的关注点就是企业，而后才轮到家庭。因此，服务企业家群体时要先解决企业问题，再解决家庭问题。

我在为企业家客户服务时，会做大量的前期准备工作，包括分析客户所在行业面临的法律风险和税务风险，并做好相应的建议方案。为客户解决企业风险，表面上看和销售保单没什么关系，但它能建立客户对你的信任。如果你能帮助客户解决部分企业问题，或是提醒客户注意防范潜在的企业风险，那么后面你提出用保险工具解决其家庭风险时，客户的接受度会大大提高。

⟫⟫⟫ 7.2 展业流程

《孙子兵法·计篇》中说："夫未战而庙算胜者，得算多也；未战而庙算不胜者，得算少也。多算胜少算，而况于无算乎！"所谓"庙算"，就是在战争开始之前对战事进行的思考、谋划、筹算，通俗点说，就是事前准备。事前准备越充分，考虑得越周到，获得胜利的概率就越高。

我们跟客户之间不是战争这种零和游戏，而是互利共赢的关系。但具体到与客户的面谈，则可以看成一种博弈，适用古老的"庙算胜者，得算多也"这一原则。我在展业、面谈的过程中，就尤其注重"事前准备"。下面我给大家介绍我的展业流程，重点说说我的"庙算三问"。

"庙算三问"：面谈前如何充分准备

几乎每位保险营销员都知道，与客户面谈前做好充分准备很重要，但真正能做到这一点的其实很少。

之所以如此，一方面是因为他们实际上没有真正意识到事前准备的重要性，经常抱着试试看的心态去见客户。这种心态非常危险，是我们与客户面谈的大忌。前面我们说了，企业家的时间非常宝贵，而且注重干货，他跟你谈的时候如果没有收获，很可能就转而找其他人了——你要相信，他们的身边绝对不止你一个保险营销员。所以，应该把每一次见面的机会当成唯一一次或最后一次机会，全力以赴地做好准备。

另一方面的原因是，做准备工作时没有系统的思路，往往是想到什么就准备什么，导致准备工作做得不够充分。每次跟客户面谈之前，我都会问自己的三个问题——我称之为"庙算三问"。你只要能清楚地回答这三个问题，就可以放心大胆地去见客户了。

这三个问题是：客户为什么要买？客户为什么要跟我买？客户为什么要现在买？

客户为什么要买　➤　客户为什么要跟我买　➤　客户为什么要现在买

　　· 风险　　　　　　· 我的特色　　　　　　· 急迫性
　　· 方案
　　· 好处

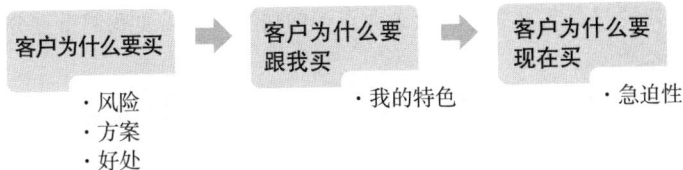

"一问"：客户为什么要买

　　风险在哪里，需求就在哪里。要想搞清楚客户为什么要买，就要搞清楚客户有哪些风险点。客户的风险点包括两个部分：一是显性风险点，就是客户自己也清楚地意识到的风险；二是隐性风险点，就是客户暂时没有意识到，需要我们提示的风险。

　　怎么才能完整地挖掘客户的风险点呢？这就需要我们收集并分析客户的信息。我把这些信息分成两个部分：家庭状况和资产状况。

　　针对客户的家庭状况，我们需要了解客户的姓名、年龄、职业、婚姻情况、子女情况、父母情况、兄弟姐妹情况等。通过分析这类信息，我们能发现客户是否存在婚姻财产规划、子女传承、父母养老等风险点。

　　针对客户的资产状况，我们需要了解客户的企业资产、不动产和金融资产。通过了解企业资产，我们能分析客户的企业是否存在股权架构、股权传承、家企混同及税务等风险；通过了解不动产，我们能分析客户是否存在继续持有带来的政策、税务以及子女挥霍等风险；通过对客户金融资产持有情况的分析，我们能了解客户是否有子女婚姻、过早离世及养老传承等方面的风险。

　　针对不同的客户群体，信息的收集和分析可以有所侧重。

比如针对企业家群体，其企业资产的情况就是需要我们重点分析的。

搞清楚这些风险后，就要设计化解风险的方案。需要特别提醒的是，我们设计方案的宗旨应该是帮助客户化解风险，也就是从客户的风险出发来做方案，而不是只盯着自己想要销售的保险产品。客户的风险往往是多样的，仅凭保险这一种金融工具无法解决，因此方案中需要搭配多种工具。

在实战销售中，很多保险营销员容易把保险神化，好像无论客户有什么样的法律税务问题，都可以通过保险来解决。实际上，针对客户不动产、企业资产的处理，保险能发挥的空间很小。

所以，我们给客户提供的应该是一份综合性的方案，既包括保险，也包括其他金融工具，一揽子解决客户面临的风险。

方案准备好之后，我们还要想好怎么跟客户讲解它。不要指望客户本身很懂这些，或者有耐心认真看完你做的复杂方案。你需要用通俗的语言，把方案的要点以及它对客户的好处一一讲清楚。

总的来说，要想解答"客户为什么要买"的问题，我们首先要收集、分析客户的信息，然后找出客户存在的风险点，并提出解决方案，最后还要用客户听得懂、听得进去的方式把这些信息传达给他。

"二问"：客户为什么要跟我买

我们现在所处的社会、行业，总体来说是个买方市场，也就是说客户有很大的挑选空间。所以见客户之前，我们就要想明白一个问题：客户为什么要在我这里，而不是在其他人那里买保险产品？

这就要求我们必须找到自己的特色。我们可以从几个方面来找自己的特色：自身的特色、产品的特色、所在公司的特色。比如，作为保险营销人员，你同时是一个理财专家，获得过哪些荣誉，拥有哪些证书；你销售的产品，性价比方面有什么优势，能提供什么特殊服务，特别贴合客户的哪项需求；你所在的公司在行业内的地位，在社会上的口碑或美誉度；等等。

理论上说，你可以在任何一个方面找到自己的特色，但就是不能没有特色。

"三问"：客户为什么要现在买

我面谈过 300 多位高净值客户，其中有成功的案例，当然也有失败的。失败的案例中，我觉得最沮丧的一种情况是：客户听完我的介绍后，觉得方案非常好，但是我在追单的过程中追丢了。为什么呢？因为客户虽然觉得这很重要，但是不紧急。

所以在见客户之前，一定要想清楚，客户为什么要现在就买？也就是说，要梳理出客户的需求中哪些是急迫的，需要立刻着手解决的。客户往往都有"拖延症"，你要帮客户激发出战胜拖延的动力，动力的来源就是最迫切需要解决的那个风险点。

有些保险营销员心气很高，遇到一个高净值客户后，就想要一下子成一个大单。在这里我需要提醒一下：有时候，从小单入手也是一个不错的选择。如果你经过梳理后发现，要解决客户最迫切的需求，只需要一个小单就能搞定，那么，我建议你一定要重点突破这个小单，让客户现在就买。购买行为是有惯性

的，你可以用小单养成客户在你这里购买保单、由你为他服务的
习惯。

精准狙击：怎样做好客户邀约

有些保险营销员邀约客户的方式很直接：直接给客户打电
话，或者没有预约就直接跑到客户家里、公司面谈。这种"机枪
扫射"式的邀约方式，真的不适合企业家这种高净值客户。前面
我们分析了，企业家的时间都非常宝贵，对自己每一天甚至每一
个小时的活动都有预先的安排。贸然打电话或登门拜访，会打乱
他们的日程安排，让他们感到不舒服。

真正的销售高手不会让客户感到不舒服。他们往往能做到：
客户不仅愿意跟保险营销员面谈，而且是主动、积极地想跟保险
营销员面谈。这样的面谈效果，无疑大大好过被迫接听电话或突
然登门拜访。

我把这种邀约称为"精准狙击"。一般来说，只需要三个步
骤就可以做到。

步骤一：短信邀约

我们自己或者让银行的理财经理给客户发送一条邀约短信
（微信），告知客户我们即将提供的活动或服务。这样的短信不是
随便发的，有两点值得注意。

第一，活动的内容与客户的需求要匹配，或尽可能匹配。如
果你的活动是讲家业、企业风险隔离，而客户是个拆迁户，根本
就没有这方面的需求，那么你发给他的短信就纯属"垃圾信息"，

反而会降低客户对你的好感度。

第二，一定要对活动进行包装，让客户觉得"不参加就亏了"。这就需要我们打磨、修饰自己的短信内容。具体来说，可以从几个方面来包装活动：强调稀缺性，比如名额有限；强调独特性，比如提供一对一的法税专属服务；强调专业性、权威性，比如邀请的专家有多么厉害。

步骤二：电话邀约

有了前面的短信邀约，客户的兴趣大概率已经被提起来了。这时我们再给客户打电话，就不会显得突兀了。

之所以要打电话，目的只有一个，就是获得上门拜访送资料的机会。只有获得见面的机会，才有可能沟通更多更详细的信息，进一步加强客户对我们的熟悉度、好感度。如果客户在电话里同意你上门拜访送资料，说明他在一定程度上已经接纳了你。

步骤三：上门拜访

所谓上门拜访，重点是跟客户见面。可以是保险营销员去客户家里或公司拜访，也可以是客户来保险营销员所属的公司、银行。见到客户之后，我们需要做三件事。

第一件事，送活动的邀请函。这是我们跟客户见面的直接理由，同时，邀请函也会让我们的活动显得隆重且珍贵。

第二件事，请客户填写《财法税检视表》。我设计的这个表涵盖了婚姻财产规划、家族财富传承、家企风险隔离、税务风险筹划四个领域，一共 19 个小课题。这张表其实就是调研客户的需求。如果我们口头询问客户有什么需求，客户经常会表示自己没什么需求，所以，不要让客户做简答题，要让他们做选择题。

给客户这张表，他只需要在表上对自己感兴趣的课题打钩就行。他打的钩越多，说明需求点越多，我们的沟通点也就越多。

第三件事，给客户送一两本有关法商的手册或书籍。送的同时，一定要带着客户读一读里面的内容，而且最好是针对客户填写的《财法税检视表》有针对性地读，以启发客户的风险认知。

整个邀约动作，目的是收集客户的更多信息和需求，启发客户的风险认知，为接下来的正式面谈打下坚实的基础。

客户面谈：沟通的顺序和原则

沟通的顺序

面谈是有流程的，沟通的先后顺序是有讲究的。

针对企业家客户，我一般是先沟通企业资产问题，因为这是客户最关心的，也是最难解决的板块。解决好客户最关心的问题，既赢得了客户的好感，也展示了我们的专业度，这样才能获得客户足够的信任，后面的沟通也能更顺畅。

接下来，我会着手处理不动产部分的问题，而不是急于切入保险的话题。在当下的企业家群体中，不动产绝大部分是房产。相对来说，房产的风险点比较显性化，基本都是传承、子女挥霍和控制权的问题。讲这些，也是为了能从企业资产的话题顺利过渡到金融资产。

前两个板块完成之后，我最后才着手金融资产方面的沟通，实际上，这才是我们切入保险的最佳话题。之所以把最核心的板块放在最后，是因为需要有前面的铺垫，让客户放下对我们的戒心，建立对我们的信任，这个时候再分析金融资产的问题，顺势切入保险，就水到渠成了。

总结来说就是：先企业资产，再不动产，最后金融资产并切入保险话题。其中的原理是：先建立信任，再谈保单。

沟通的原则

在跟客户沟通的过程中，我会时刻牢记两大原则：服务原则，保险后置原则。

所谓的"服务原则"，就是在跟高净值客户沟通的时候，请忘记自己是做"销售"的，而要时刻提醒自己是做"服务"的。一定要体现服务，而且是有专业水准的服务。只有专业的服务才能赢得高净值客户的认可。

所谓的"保险后置原则"，实际上强调的也是沟通顺序。我们要知道，我们最想卖的东西，往往是客户最不关心的东西。如果你跟客户刚见面没谈几句就抛出保险方案，客户会觉得你太功利。在销售实战中，我与客户沟通的时长一般是 2 小时，我会用至少 1 小时的时间跟客户沟通与保险无关的东西，先聊企业资产存在的风险及解决方案，再聊不动产存在的风险及解决方案，最后才切入金融资产及保险话题。

⟫⟫⟫ 7.3 案例复盘

下面，我就给大家详细复盘我成交的一个客户，最后的保单规模是期交保费 500 万元。这是银行邀请我去面谈的一位企业家客户，前期的客户筛选和邀约，是银行理财经理按照我给的步骤执行的。

在我看来，要谈成一个客户，80% 的工作要在见面之前做好。前期工作做得好，跟客户见面谈，只是最后的临门一脚。所以，我在复盘这个案例时，着重介绍前期准备工作：客户信息收集、客户需求分析以及制订解决方案。

客户信息收集

在"庙算三问"部分我说过，要想挖掘客户的潜在需求，首先需要收集客户的信息，这些信息包括家庭状况和资产状况两部分。

客户的家庭状况，包括客户三代以内（客户的父母、客户自己、客户儿女）的家庭情况；客户的资产状况，包括客户的企业资产、不动产、金融资产等各种资产的情况。

我把客户的信息总结成了两张表格。看完这两张表格之后，我建议你先停下来，思考一下：通过这些信息你能挖掘到客户的哪些风险点？然后再跟我后面的分析做一个对比。

家庭状况

客户姓名：李先生 年龄：53 岁 职业：家具厂老板 婚姻情况： 初婚 配偶李太太52岁，夫妻关系融洽，但身体不太好	子女情况： 两个儿子 大儿子27岁 未婚 小儿子19岁 未婚 大儿子目前在李先生的公司工作，小儿子在北京读大学	父母情况： 李先生父母均去世； 李太太父母均在世，但是父亲身体不佳，母亲身体尚可 兄弟姐妹情况： 李先生有两个弟弟，李太太有一弟一妹

资产状况

企业资产	夫妻二人名下有 3 家家具公司，其中一家有合伙股东（持股 40%），均是自然人持股
不动产	青岛城区 8 套房产，目前 6 套在夫妻二人名下，1 套在大儿子名下，1 套在小儿子名下
金融资产	1. 存款及短期理财 3000 万元 2. 股票及债券 2000 万元

通过这两张表格我们可以发现，李先生夫妇具有如下特点：有闲钱，年龄在 40 ~ 60 岁之间，有子女，存在四类法商需求，能做主。同时，从银行理财经理那里我了解到，他跟这位客户比较熟悉，而且客户有一定的保险意识。也就是说，成交概率高的客户的七大特点，李先生全部具备。

这样的客户，当然要列为最高等级，重点对待，因为跟他成交大单的概率非常高。事实也证明，我的判断没有错。

客户需求分析

初步分析

我们先从家庭状况开始分析。李先生夫妇感情融洽，显然，不能从夫妻婚姻风险的角度切入，否则很容易引起客户反感。

李先生夫妇两个儿子的信息，透露了两个风险点：第一，大儿子在李先生公司工作，明显是要接手公司，将来家业传承给两个儿子时，会不会有继承纠纷？第二，两个儿子都到了快结婚的年龄，存在一定的婚姻财富风险。

从父母情况来看，需要考虑养老问题。养老问题主要有两个方面：第一，李先生夫妇自己的养老问题；第二，李太太父母的养老问题。

再来看资产状况。李先生和李太太名下有3家家具公司，其中有一家是合伙公司——其他股东持有40%的股权，李先生夫妇持有60%的股权。这里我需要提醒大家注意，这三家公司都是自然人直接控股，没有法人做股东。由此带来的风险就是：未来李先生将企业过户给儿子时，会不会有麻烦？

李先生夫妇在山东省青岛市城区有8套房产，其中6套在李先生夫妇名下，另有2套分别在大儿子和小儿子名下。李先生为什么没有把大部分房产放在儿子名下呢？是不是担心未来子女挥霍的风险呢？

李先生夫妇有较多的金融资产，不用担心现金流问题，保单能够质押融资的功能就无法打动他们；从财富保值增值的角度入手，也对他们构不成吸引力。

六大需求点

作为职业的保险营销员，看到李先生夫妇的基本情况后，应该能像条件反射一样想到前面提到的这些问题。但是仅仅做到这一步还不够，我们还需要对这些需求进行系统的梳理。具体来说，就是从企业资产、不动产、金融资产这三个角度，整理李先生夫妇的需求点——这也与我们的面谈逻辑一致。

下面这个表格，就是我结合银行理财经理提供的信息，梳理出的李先生的六大需求点，其中两项涉及企业，一项涉及不动产，三项与金融资产有关。

客户需求	1. 李先生夫妇百年后，企业继承手续烦琐 2. 企业交给大儿子管理，企业收益由两个儿子平分 3. 考虑生前把房产过户给两个儿子，但又担心失去控制权 4. 儿子婚前婚后，李先生夫妇都要给他们现金，希望大额资金归儿子个人所有 5. 李太太身体不佳，万一自己走得早，担心父母的养老问题 6. 李先生夫妇希望给自己准备一笔养老金，同时希望能"富传三代"

第一个需求点：企业的过户传承。李先生夫妇比较强势，他们很明确地表示过，只要自己还活着，企业就得由他们管理。但他们担心，夫妇二人百年之后，三家企业传承给两个儿子时会有麻烦。三家企业，将来过户给儿子，每家企业都要做一遍过户，也就是说，至少要过三次户；其中一家企业有其他的合伙股东，万一合伙股东在子女继承时设置障碍，问题就比较严重了。

第二个需求点：李先生夫妇希望将来把企业交给大儿子管理。对这一点，他们的表达也很明确，由长子继承父业。同时他们也非常疼爱小儿子，希望企业赚了钱，大儿子跟小儿子能一人一半。

第三个需求点：对不动产的担心。他们之所以不把大部分房产放在儿子名下，就是担心一旦失去对这些房产的控制权，孩子可能会把它们挥霍掉。这与我之前的猜测吻合。

第四个需求点：儿子婚姻财富保护。李先生夫妇希望给予儿子一定的婚姻财富支持，婚前给一笔钱，婚后给一笔钱。可是，他们希望给到儿子的钱都归儿子所有，与其配偶无关。

第五个需求点：父母养老。李太太的身体不是很好，她非常担心自己离开之后父母的养老问题。

第六个需求点：李先生夫妇希望给自己保留充足的养老金，同时希望能够富传三代。

通过分析这些需求点我们可以发现，仅靠保险这一种金融工具，是无法解决李先生的所有问题的。所以，我们需要给李先生提供综合的解决方案，一揽子满足他的所有需求——这也是我们的优势所在。也就是说，相比其他保险营销员，我们能给李先生提供更多的附加价值，并且帮他节省很多的时间和精力——这一点往往是企业家乐于看到的，因为他们最宝贵的就是时间。

制订解决方案

对客户的情况有了全盘了解之后，就要着手制订解决方案。

企业资产解决方案

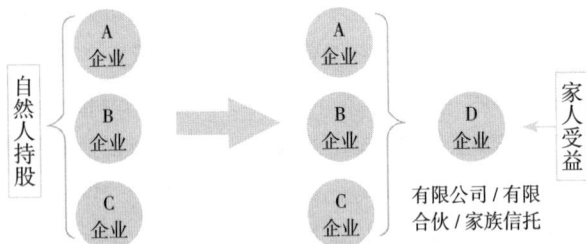

在企业资产的问题上，客户的第一个诉求是防范继承时程序太过烦琐。解决办法很简单，李先生夫妇可以另外设立一家企业D，把自己持有的A、B、C三家企业的股权转移到D公司，通过D公司持有三家企业的股权。这种架构叫法人持股结构。

李先生夫妇百年之后，大儿子只需将D公司过户到自己名下即可，程序简便，同时也可以避免合伙企业的其他股东设置障碍。这里需要注意的是，D公司是一家持股公司，不要有实际业务的经营，因为一旦D公司遇到经营风险，资不抵债，会对A、B、C三家子公司产生负面影响。

有的人可能会问：D公司是否需要缴纳企业所得税？我国《企业所得税法》规定，母公司有数家公司股权，只要所持公司已经完税，进入母公司当中的利润不用额外缴税。所以，上述法人持股结构不会额外增加税收负担。

客户的第二个诉求是防范继承纠纷。李先生夫妇希望大儿子管理公司，两个儿子平分收益。我们可以通过设置公司表决权和分红权的占比，来解决这个问题。股权包括表决权和分红权。关于表决权，大儿子占60%，小儿子占40%。大儿子的占比没有达到2/3，但超过了1/2，这就意味着公司的日常经营决策大儿子可以一个人说了算，重大决策必须兄弟二人商量着来。分红权，两个儿子各占50%，以实现公司收益两人平分的诉求。

不动产解决方案

李先生夫妇名下持有大量不动产，之所以没有放在儿子名下，是担心儿子将来挥霍，会把房子卖掉。但如果一直不过户，将来由法定继承，万一李先生夫妇过世前开征遗产税，就会面临大额的继承成本。对此，李先生夫妇可以把房子转到两个儿子名下，同时让两个儿子把房产反向抵押给父母。一旦做了房产反向抵押登记，儿子要把房子卖掉或者再抵押，是需要父母先解押的，这就确保了父母对房产的控制权。

房产抵押需要费用吗？需要，但仅需 100 元左右。

房产抵押手续复杂吗？房产抵押手续一般只需三步：第一步，父母与子女共同到房屋所在地不动产登记中心办理；第二步，免费领取并现场签订《主债权及不动产（房屋）抵押合同》；第三步，到窗口办理并领取相关证件。

通过分析，大家可以看出房产反向抵押登记的巨大好处。这就好比放风筝，财富提前给了儿子，但是掌控风筝的线仍然在父母手中，这就是传承领域的经典理论——放风筝理论。房产反向抵押登记，就是放风筝理论在房产传承中的经典运用。

金融资产解决方案

李先生夫妇准备在儿子婚前和婚后分别给一笔现金，又担心将来这笔钱成为儿子和儿媳的夫妻共同财产。李先生夫妇固然可以在赠与时说明赠与的对象是儿子本人，与其配偶无关，但我们都知道，这件事真正的难点在于婚后财产混同，即李先生夫妇赠与儿子的财产，与儿子夫妇的夫妻共同财产会混同。在实践中，资产混同往往很难举证。所以，我们就需要针对这一问题提出解决方案。

解决方案就是做银行账户的隔离，只需要简单的三个步骤就行。第一步，账户安排。儿子结婚前，以儿子的名义在银行新办一张银行卡，银行卡最好放在父母手里，它的作用是隔离，避免赠与的财产与婚后财产混同。第二步，转账安排。账户安排好之后，父母往卡里转钱，比如转 100 万元，转钱之后、结婚之前，去银行打印一份流水报告，以证明在领结婚证之前，儿子的账户里确实有 100 万元资金。婚后再次转账至此银行卡时，父母留言加一句话："100 万元仅归儿子李某某所有，与其配偶无关。"同时截图保存，以证明这是一份指定赠与。第三步，注意资产混同。婚后儿子拿到现金后如果用于投资，建议要一分为二。比如，儿子拿此银行卡中的 100 万元作为本金去炒股，赚了 20 万元，这 20 万元收益是夫妻共同财产，需要把它转入夫妻婚后办理的银行卡，与那 100 万元本金相隔离，避免混同。

通过这三步，就可以有效防范儿子的婚姻财富风险。

到这里，终于可以切入保险了。在李先生夫妇关于金融资产的需求中，有一项是李太太担心自己离世后父母无人照料。此问题可以通过终身寿险来解决。投保人为李太太，被保险人为李太太，第一受益人为李太太的母亲，第二受益人为李太太的儿子。具体保单架构如下图所示：

投保人	被保险人	身故受益人
·李太太	·李太太	·第一受益人：李太太的母亲 ·第二受益人：李太太的儿子

这样设计保单架构，李太太百年之后，保险公司的理赔对象首先是李太太的母亲，以保障李太太父母的晚年生活；如果李太太的

母亲先于李太太过世，理赔金由第二受益人即李太太的儿子领取。

这张保单的架构中还有一个重点是投保人的设计。投保人是李太太，她对这张保单有控制权，可以随时退保，也可以随时变更受益人。比如，如果李太太的母亲去世了，父亲还健在，可以把受益人变更为父亲；如果李太太的父母亲都过世了，可以把受益人变更为儿子或者孙子。这样一份保单，就可以实现李太太赡养父母的愿望。

李先生夫妇最后一个需求，是解决养老和传承的问题。这个需求，可以通过终身型年金保险附加万能账户的方式来满足。李先生投保两份终身型年金保险，都附加万能账户，被保险人分别是大儿子和小儿子，身故受益人都是李太太，孙子孙女出生之后，可以变更身故受益人为孙子孙女。具体保单架构如下图所示：

投保人	被保险人	身故受益人
·李先生	·大儿子和小儿子	·李太太（孙子孙女出生后再做受益人变更）

这样做的好处是，儿子作为被保险人，年金直接转回到万能账户，仍然可以用于李先生的养老。只要李先生活着，这笔钱都是由李先生支配的，以保证李先生夫妇的养老需求。

李先生去世后，保单的投保人可换成大儿子和小儿子。等到大儿子和小儿子年龄大了，百年之后，身故受益人可变更为李先生的孙子孙女。孙子孙女领到的这笔钱有三个特性：第一是避债，如果孙子孙女欠下债务，其债权人无权对保险金行使代位求偿权；第二是避税，孙子孙女拿到的保险金不用缴纳个人所得税，如果未来中国征收遗产税，理论上这笔保险金也不属于遗产税的应税财产；第三是它属于孙子孙女的个人财产，即使当时孙子孙女已结婚，这笔钱依旧属于他们个人，与其配偶无关。

通过这份保单，既能解决李先生夫妇的养老问题，也能实现李先生财产隔代传承、"富传三代"的愿望。

》》》7.4 展业心得

与企业家客户沟通，我有四点心得与大家分享。

第一，跟企业家聊天时如何挖掘客户的诉求？我的技巧就是讲法商故事，通过讲述自己了解的法商故事，给客户传递复杂的金融和法律知识，启发他的风险意识。真正优秀的销售高手，脑子里至少装了一百个以上的法商故事，拿这些故事跟客户聊，往往能找到他们的隐性需求点。

第二，就金融资产风险的解决方案与客户沟通后，我通常会做一个总结，也就是归纳一下我想要卖的产品的特点。比如，我的产品现金价值高，或者属于终身型的产品，或者领取的年金收益比较高，等等。总之，总结出它的特点，然后告诉客户尽量选择具有这些特点的产品。

第三，我会跟客户聊保险配置的比例。一般来说，我会建议客户，保险配置要占到家庭总资产的 20%～50%。我会跟客户说："您身家过亿，配个一二十万元的保单，于事无补。既然您想解决问题，就需要适当加大配置比例，达到家庭总资产的 20%~50%。您的家庭总资产已经超过 1 亿元，我建议您配置 2000 万元左右的保单，按 5 年期交的话，一年也就是 400 万元左右，这是咱们的下限。当然，随着年龄的增长，您可以提高配置，达到家庭总资产的 50%。根据我的经验，这是比较合理的配置比例。"

第四，在实战中，我经常会用"总—分—总"的销售模式。第一个"总"，我会对企业资产、不动产和金融资产做整体分析。"分"就是针对每一项风险提供具体的解决方案。第二个"总"，就是总结三大资产的风险及解决方案，比如，企业资产会遇到的两大风险，以及它们应该怎么解决；有关不动产的风险是什么，怎么规避子女挥霍的风险；金融资产方面，子女婚姻财富保护、父母及自己的养老、财富的传承等都应该怎么处理……对此，我会再次回顾一遍。这样一套"总—分—总"的模式下来，客户会觉得我的逻辑非常清晰，对我的专业水准非常认可，保单成交的概率自然也就大大提升了。

第8章　精英女性

本节老师：闫雪丹

>>> 8.1　认识客户

"精英"一词最早出现在 17 世纪的法国，意指"精选出来的少数"或"优秀人物"。在 21 世纪，女性承担着越来越多不同的社会角色，那些能够按照自己的意愿生活，希望拥有自己的梦想和人生价值，努力成为更好的自己，有独立的精神世界，有自我担当和认知的女性，就是我们说的精英女性，像影视剧《三十而已》中的顾佳、《我的前半生》中的唐晶、《都挺好》中的苏明玉……

"精英女性"群体有着自己的特点，她们兼具极强的"软实力"和"硬实力"，同时也在不断面临着人生的种种风险。

精英女性的"软实力"

自律

精英女性这个群体，普遍高度自律，对自己的生活和工作目标非常明确，且一般都会提前做好规划，时间管理能力非常强。我的客户蓉蓉就是一位非常自律的女性，每周固定时间的健身对她来说从来不是什么难事，在她保持身材的路上从来没有"绊脚石"。

自信

精英女性很舍得投资自己，她们会通过多维度的学习不断自我精进，丰富自己的知识和内涵，提升自我的内在价值和外在价值。面对挑战和困境，她们不会找借口退缩逃避，而是选择迎难而上，只要下定决心，就会立即行动，表现得自信而果敢。涵宝是我从业初期通过陌生拜访认识的客户。从单身到结婚，再到有了两个宝宝，她始终在学习进修，不断充实自己。都说宝妈们完全没有自己的时间，但这么多年里，她陆续考了心理咨询师、亲子教育等各类证书，不仅拓宽了自己的职业发展空间，也在生活中更加自信。

从容淡定

精英女性内心强大，敢于直面现实，善于掌控自己，尤其是控制情绪。她们能够享受最好的，也能接受最坏的，无论是生活中还是工作中，一旦出现问题，她们会首先寻找解决方案，冷静而自制。芳芳是我的老客户转介绍的客户，她是一位单亲妈妈，无论是工作中还是生活中，但凡遇到问题，她都会第一时间想办法处理，很少抱怨。

懂得尊重

在与他人相处的过程中，精英女性往往懂得换位思考，懂得尊重和理解他人，尊重他人的生活方式、价值观等，不随意评论。在我的精英女性客户群中，有一部分是不婚主义，精神和物质生活都相对独立，能够享受独处的快乐和自由；有一部分是有家庭的，她们至少有两个孩子，喜欢大家庭的氛围；还有一部分是丁克，家庭幸福但夫妻二人选择不要孩子，享受二人世界。这个时代，我们更应该学会不去随意打扰别人，幸福不是只有一个统一的模式，懂得尊重别人的生活选择是一种修养。

得体大方

精英女性的着装搭配通常不超过三个颜色，配饰简约而不简单，注重品质和细节，注重单品的搭配，言行举止大方优雅，总是保持良好的仪态。

精英女性的"硬实力"

教育背景

精英女性通常有良好的教育背景，名校毕业或有海外留学经历，并且工作后学习能力也非常强。小时候是那种"别人家的孩子"，长大后更是职场中的佼佼者。

经济独立

精英女性一般有独立的收入来源，她们多是企业的中高管，或者拥有自有房产，或者租住在高档小区，年收入 30 万 ~ 500 万元，注重生活品质。

精英女性的"黑天鹅"事件

精英女性的人生中，究竟有哪些"黑天鹅"事件呢？

风险一：重疾健康风险

很多精英女性在创业初期或工作初期都是非常拼命的，难免会熬夜加班，饮食不规律，再加上对自我工作成绩要求非常严格，压力过大，所以患重疾的概率可能偏高。这也是为什么现在的精英女性大多有坚持健身、做瑜伽等运动的习惯，一是因为随着年龄的增长，身体机能、精力都在下降；二是因为工作初期身体消耗大，身体常常处于亚健康状态，需要通过锻炼来保持身体健康。

精英女性经济独立，通常收入颇高，一旦罹患重疾，她们的收入损失也会更大，所以更需要高额的给付型重疾保障。

风险二：婚变财富流失风险

精英女性通常精神独立，遭遇婚变时大多能像影视剧《三十而已》中的顾佳一般，洒脱地放手，重新开始自己的生活。现实生活中，已婚的精英女性需要以经济为盾保护自己，防止丈夫像《三十而已》中顾佳的丈夫许幻山那样用夫妻共同财产为情人租房、购物消费。因此，如何防止婚变导致财富损失，是精英女性要学习的非常重要的一课。

风险三：婚前 / 婚内财产混同风险

很多精英女性在结婚之前已经有了一定的经济基础，比如存款、房产、车辆等，这些婚前财富以及婚后父母赠与的个人财产，如何才能不与婚后财产混同？

风险四：现金流风险

精英女性属于高消费群体，注重生活品质，每月衣食住行的日常开销不低，且常常伴有高额贷款，如房贷、车贷等，所以对现金流的需求很大。

风险五：退休风险

精英女性非常关注自己的退休规划。她们当前的生活品质很高，希望将来也能过上更有尊严、有品质的退休生活。

了解了精英女性这个客户群体的特点及主要人生风险后，我们再通过分析 KYC 表，就能准确找到客户最紧急、最重要的需求点，从而为客户做出合适的规划方案，真正帮她们解决隐忧，实现愿望。

⟫⟫⟫ 8.2 展业流程

与精英女性客户的成交过程，可以分为三个部分——签单前、签单中和签单后。下面是我总结的每个部分的要点。

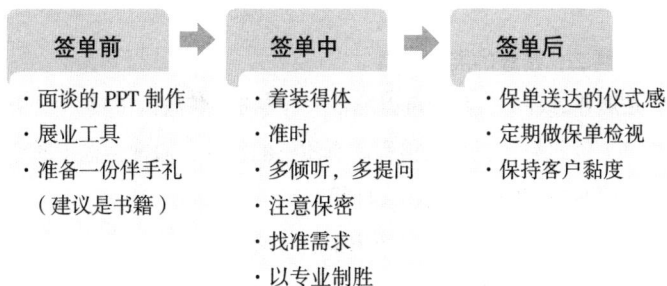

签单前	签单中	签单后
·面谈的 PPT 制作	·着装得体	·保单送达的仪式感
·展业工具	·准时	·定期做保单检视
·准备一份伴手礼（建议是书籍）	·多倾听，多提问	·保持客户黏度
	·注意保密	
	·找准需求	
	·以专业制胜	

第一部分：签单前

精英女性这个客户群体中大多是高知女性，比较喜欢规划报告书、财务报告书这类专业的呈现，且对生活品质要求较高，非常注重细节。因此在与这类客户面谈之前，我建议保险营销员准备以下三类工具。

工具一：PPT

我们可以根据面谈的主题制作一份PPT。假设与精英女性客户面谈的内容是关于教育金的，或者是关于退休规划的，那么保险营销员就可以根据这个主题，制作相应的PPT，在面谈时展示给客户看。

比如，针对单亲妈妈客户，我们可以注重对孩子的保障作用的演示，尤其是收入保障；针对多婚姻多子女家庭，就要注重资产专属性方面的演示；针对维持高品质的养老生活的需求，则要注重年金保险专属性方面的演示。

工具二：精致的展业工具

在展业过程中，我们可以准备一套专业且精致的工具。

（1）资料袋，我个人很喜欢有质感的物件，通常会选皮质或毛毡类等有质感的文件夹、文件袋。

（2）签字笔，尽量避免使用塑料材质的签字笔，建议准备一支精致且有质感的签字笔。

工具三：伴手礼

在面见客户前，我建议保险营销员应为客户准备一份伴手礼。通常我会选择书籍，或是当下特别实用的物品。比如疫情期间，我们的手天天被各种酒精湿巾、酒精喷雾等防护用品侵蚀，我就会精选一些护手霜小礼盒，作为伴手礼送给客户。

我常送的书籍有两本。一本是毛丹平博士的《金钱与命运》，对于那些比较感性、很喜欢文学的精英女性，我常常送这本书，因为这本书写得特别唯美，每个案例都像一篇小说，有人文关怀；另外一本是王芳律师团队的蓝宝书——《家族财富保障及传承》，这本书从律师的角度讲述家庭和企业财富管理的重要性，适合非常理性的，尤其是有自己的企业的精英女性阅读。

第二部分：签单中

在面谈当天，有以下四点需要特别注意：

注重着装

与客户见面当天，保险营销员一定要注重仪容仪表。着装应简洁大方，但尽量避免制式白衬衫黑色西装的搭配，这样过于正式，略显沉闷，给对方的视觉感会比较压抑。时尚、得体的商务装相对更好，女性还可以搭配合适的包包，佩戴一两件有质感的配饰，如丝巾、手表、耳钉等。展业资料可以装进文件袋，避免携带超大的展业包。

提前到达约见地点

我们需要提前 15 分钟到达约见地点，看一下场地座位，尽量坐到背靠墙壁、面朝大厅门口的位置，给客户留出面朝你的座位，便于集中客户的注意力。

另外，建议不要将面谈地点约到咖啡厅。从我的实践经验来看，咖啡厅并非最佳的面谈环境，有时候很嘈杂，很难集中精力。

多倾听，多提问

签单中的面谈，大家要多倾听，多提问，多去了解对方有哪些隐忧、哪些心愿，而不是一味地讲我们自己想讲给对方的东西，去教育对方。

签署道德宣言及保密协议

想要知道客户的需求点在哪里，我们需要先了解客户的 KYC 信息。但是，精英女性这类客户群体的防备心较强，怎么才能让对方愿意告诉我们她的资产、负债、收入、家庭状况等信息呢？

我的方法是，在与客户沟通之前，先和客户签署一份道德宣言和一份保密协议，并向客户承诺，无论她是哪个朋友、客户、同学介绍的，我对她的个人信息、家庭状况、财务状况都会予以保密，不会和任何人谈及。这样做主要是给客户一个仪式感，让客户减轻防备心。当然，不单单是面对精英女性客户，我在面见任何一位客户时，都会先签署道德宣言和保密协议。

我常用的这两个文件（道德宣言和保密协议），是一个有业内专业资质认证的会员文件，每见一位新客户，我就会各签署一份。就像我刚才说的，仪式感非常重要，也符合人性，你一签字，客户从心底就会确信——"哦，她会替我保密"。之后你再问到客户的家庭、财务等情况，客户一般都会愿意告诉你。

这里我提供给大家"道德宣言"和"保密协议"的主要内

容，保险营销员可以作为参考。

"道德宣言"的主要内容：告知客户我们会站在他们的角度，为其制订相应的规划方案，而不是哪个产品佣金高，就向客户推荐哪个产品；告知客户我们会通过不断学习来提升自己的专业能力，并且承诺会严格遵守财务规划的法令、法规等。

"保密协议"的主要内容：向客户承诺，我们了解到的客户所有财务信息、家庭情况、个人隐私等，都会予以保密，不会和任何人提及。

签完道德宣言和保密协议，收集了客户的 KYC 信息后，我们就可以正式进入面谈流程了。在这一步，保险营销员可能会有以下四个问题。

问题一：如何在面谈过程中切入保险？

这时候就可以用上我们准备好的 PPT 了。此时，我会先用 PPT 向客户展示保险与资产配置的相关内容，并围绕"为什么在资产规划中要配置保险"这一关键点来介绍。

多数情况下，我们在面谈之前至少会了解客户的基本情况，比如婚姻状况、子女状况等。因此，在"为什么要配置保险"这个主题中，就要根据已知信息，找到客户最大的痛点、最关注的问题，从而切入保险。

问题二：规划方案如何呈现？

分析了客户的 KYC 信息，找到客户的风险点，了解到客户的需求之后，我们就要给出专业的规划方案。

我为客户制订的规划方案，一般都会以多元化的方式呈现，而且我会把保险方案放到最后一项。当客户谈到想要做退休规划方案时，有的保险营销员一上来就说"买保险啊""买我们的年金保险啊"，然后便开始给客户讲年金保险的各种好处、各种优势，我特别不建议以这种方式切入保险产品。

那么怎么做最好呢？我在给客户做退休规划方案时，一般会这样展示：

退休养老金的来源大致有以下几种：

（1）社保。我们都知道，社保中包含了养老保险，通常缴纳满 15 年，退休后可以按月领取养老保险金。但是目前我国养老金替代率偏低，并且未来领取年龄也有可能推迟，因此社保养老金只是最基础的保障，要想拥有高品质的养老生活，单单靠社保是远远不够的。

（2）企业年金。一些大型企业会给员工购买企业年金，作为员工福利的重要项目，这也是退休金的来源之一。

（3）基金定投。基金定投同样是不错的退休规划方案。每月定期定额投入，并且可以根据当下自己的风险承受能力及收入水平，灵活调整所投资的基金及每期投入的金额，不择时建仓，有目标退出，通过时间积累资金，平摊投资成本，降低整体风险，提高投资收益，为晚年的退休生活锦上添花。

（4）租金。除了上面提到的，还有房屋、商铺的租金。好地段的房屋、商铺租金很可观，也可以成为退休养老金的来源之一。

（5）年金保险。最后跟客户提出我们的年金保险规划方案，并且列明这个方案不可取代的优势有哪些，比如领取时间不会延后，年金保险有安全稳健的现金流，等等。

这样提供规划方案，客户会觉得我们是站在客观的角度去考虑问题，而非只是为了销售保险产品，抵触心理自然就打消了。

问题三：如何做出专业完善的保险规划？

（1）展示类似案例的规划方案。通常在这个环节，我会展示一个类似案例的规划方案，从客户肖像、需求分析，到规划方案，再到执行该方案后的保障状况，一一为客户做解释。

（2）展示两三个相关的法律文件，比如保单赠与协议、资产代持协议等来提升专业度，但请不要越俎代庖，客户如果需要相关的法律文书，还是会请专业律师把关的。在这个环节，我要特别提示大家：规划方案建议提交两个，让客户在这两个方案之间二选一。如果只提交一个方案，客户很容易产生"我需要和其他公司的产品再对比一下"的想法。一旦陷入产品对比漩涡中，会非常耗费时间和精力，同时也会拉长成交时间，甚至丢单。也就是说，我们要给客户一个"选择题"，而不是直接给"判断题"。没有完美无缺的单一保险产品，但我们可以提供符合客户需求的科学完善的保险规划方案。

（3）讲该险种的至少一个劣势。我个人觉得给精英女性客户讲解保险，不要只讲这个险种的优势，起码要列举一个劣势，让对方感觉到你是客观的。如果只讲优势而不讲劣势，客户往往就会想去对比。反而，中肯客观的讲解，通常会赢得对方的欣赏与肯定，也更容易获得信任和认可。

问题四：保险配置要拨出多少预算？

在与客户谈到规划方案时，势必会涉及这个问题：在保险配置中要拨出多少预算？

"标准普尔家庭资产象限图"是我在这个环节中常用的工具，并且我会用铜版纸打印出一份留给客户。

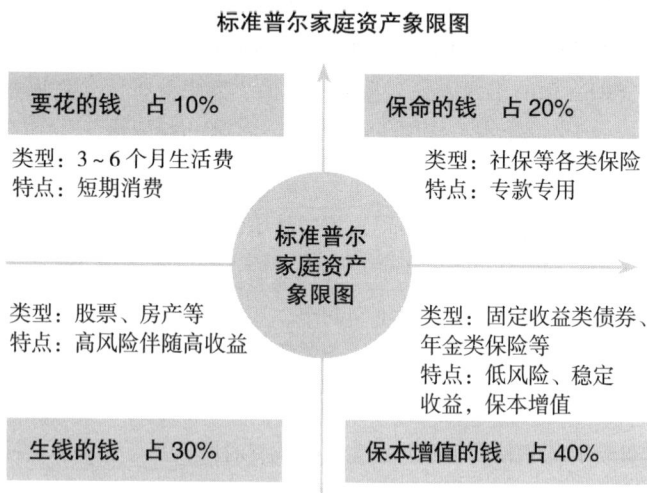

标准普尔家庭资产象限图

要花的钱　占 10%	保命的钱　占 20%
类型：3～6 个月生活费 特点：短期消费	类型：社保等各类保险 特点：专款专用
类型：股票、房产等 特点：高风险伴随高收益	类型：固定收益类债券、年金类保险等 特点：低风险、稳定收益，保本增值
生钱的钱　占 30%	保本增值的钱　占 40%

（中央圆形：标准普尔家庭资产象限图）

什么是标准普尔家庭资产象限图呢？标准普尔是全球最具影响力的信用评级机构，曾调研全球 10 万个资产稳健增长的家庭，分析总结出他们的家庭理财方式，从而得出标准普尔家庭资产象限图。此图被公认为最合理稳健的家庭资产分配方式，保险营销员在展业过程中，可以利用好这张图，给客户客观地展示家庭资产的科学配置。

同时我要特别提示大家，标准普尔家庭资产象限图中的信息并不是绝对的，在展业中要根据客户的财务状况去匹配预算。

第三部分：签单后

第三个部分——签单后，同样有以下三点建议提供给保险营销员。

保险合同的送达

精英女性这个群体，比较喜欢精致有质感的东西，所以建议保险营销员送达保险合同时，不要用普通的文件袋去装，可以定制一些有质感的盒子来存放保险合同，表示对客户的重视，而且也很有仪式感。

附赠温馨提示

通常在送达保险合同时，我会附上一份温馨提示，将一些特别的重要事项写在提示里。

在温馨提示中，我会先感谢客户的认可和信任，其次会明示医疗险、重疾险的观察期，明示规划方案里的内容以保险合同条款为准等。最后我会让客户当面阅读，然后在温馨提示上签字。

附赠温馨提示和保单整理表都是我原创的。我不敢说有多完美，但我自己用得很顺手，建议大家根据自己的语言表达方式、自己的工作习惯去不断完善它。

注重售后服务

成交后的服务是非常重要的，我们不但要关注客户的成长变化，还要保持客户的黏度。

首先，每年固定的客户服务时间要排好，包括重要的节假日、客户的纪念日和生日等，这些都是客户加保和转介绍的好时机。此外，我们也要定期和客户见面，比如一起喝下午茶、看展览等，再带个小的伴手礼，最好是些有美好寓意的小礼物，比如小木梳（事事"梳"心）、水杯（陪伴一"杯"子）等。你的心意，客户是能够感受到的。

其次，保单检视要做好。客户每次投保之后，我都会给客户做一份保单检视，然后和保险合同一并递送给对方，这也是给客户一个加保的理由。比如，这次客户完成的是重疾健康险的规划，那么有可能这份保单检视中"养老金领取"显示无，这样客户从心理上会觉得，"哦，我之后得再规划养老这部分"。如果你的客户之前有过保单，你也可以顺便一并整理，让她更加清晰地了解自己的保障情况，同时也让客户觉得，保险的事交给你可以放心。

所以，我为客户送达保单的时候，客户一打开我准备的精致的盒子，不仅能看到保险合同，还能看到道德宣言、保密协议、温馨提示以及保单整理表。收到这样一份保单盒子，相信客户一定会感到惊喜。

⟫⟫⟫ 8.3 案例复盘

北京的深秋，我和 Lisa 初次见面。她穿了一身白色羊绒大衣，咖色围巾，面容姣好，裸色妆容优雅而时尚，看上去并不像年近 40 岁的女性。Lisa 是老客户转介绍的一位客户，通过 KYC

需求分析，两次规划方案的沟通交流，最终成交了300万元保额的重疾险，500万元保额的定期寿险以及总保费100万元、5年交的年金保险。

我从业13年，从第三年开始，我的客户主要来源之一就是老客户的转介绍。因为我一直比较注重客户的经营和服务，所以老客户的转介绍比较多。转介绍而来的客户，通常我会先加微信，并发一张个人简介图片给对方，因为我觉得图片比文字更有感染力，而相比视频又更直观。

个人简介的主要内容包括：我在行业内的头衔；生活中的个人喜好；我能为客户提供什么样的服务，比如健康医疗规划、退休规划、教育金规划、沙龙主讲等。同时，由于职业的特性，通过十几年的积累，我拥有各行各业的优质资源，因此简历中我会列举出可以为对方联络的资源。比如，我的客户中有资深的红木家居老板，如果有客户想要买红木家具，可以让客户双方直接对接，避免踩坑。再比如，我的客户中有知名的牙医，等等。这张个人简介图片会让客户对我有个初步了解，并且印象深刻。

客户KYC信息

初次和Lisa见面时，我坐下后的第一件事，就是拿出已经提前签好字的道德宣言和保密协议，说："Lisa，今天我们的交流有可能会涉及你的家庭情况、财务信息等，这是我签署好的道德宣言和保密协议。无论你是哪个朋友介绍的，我都会对你的相关信息予以保密，不会和任何人谈及，包括你的家人。我只对你负责，请放心。"Lisa很吃惊地看着我说："雪丹，你好正式啊！"我说："应该的，涉及客户个人信息，我必须有起码的职业操守。"

第一次见面我了解到，Lisa 英国留学回国后，先后在一家私企、两家世界 500 强企业任职，目前税后年薪约 120 万元，常住北京。她是一位单亲妈妈，有一个 8 岁的儿子，就读小学。她现在与儿子、母亲、保姆四人一起生活。

Lisa 目前没有企业资产，名下有 3 套房产，其中 2 套在北京，1 套在海南，房贷剩余总金额约 280 万元，还需 10 年还清；银行存款、理财产品、股票基金等金融资产约 300 万元。

每一个人的成长中都会经历很多事情，无论好的坏的，都是人生经历。第一次见面，我没有过多去了解 Lisa 之前的婚姻经历，我们谈论更多的，是她对未来的一些担忧，比如孩子的教育、年迈母亲的身体健康状况、她自己的职业瓶颈等。保险规划也好，财富管理也罢，终极目标都是消除对未来的隐忧，实现对未来的期许。

客户需求分析

了解了客户的家庭状况、财务状况等基本信息之后，我总结来看，与 Lisa 主要的潜在风险对应的，共有以下五个需求。

应对收入中断风险

Lisa 是单亲妈妈，她是家庭的经济支柱，是孩子所有成长费用的经济来源。孩子现在 8 岁，到大学毕业至少还有 14 年的时间，这期间 Lisa 的收入不能中断。为了保证房贷和孩子的成长费用不受影响，她需要一份寿险来转嫁风险。

应对健康意外风险

Lisa 目前 38 周岁，她追求事业上的成功，对待工作特别认真，有非常强的工作能力和抗压能力，但她也会有职业危机感，尤其是随着年龄的增长，这种危机感越来越强。这是谈及高端医疗险、重疾险、意外险的切入口。目前精英女性对这方面的保险需求非常大，但喜欢对比产品的也特别多，所以我建议大家一定不要让客户陷入产品对比的漩涡中，而要更多地去引导客户。对于这个问题，通常我会跟客户强调："我们在配置保险时，主要考虑的因素有三个：一是保险公司，尤其是它的偿付能力；二是保险顾问，他的从业时间、专业度和职业信念都很重要；三是保险产品，目前保险公司的所有险种都是银保监会审核通过才能销售的，同类险种差别不大。"

教育金规划

Lisa 有海外留学经历，注重学习和成长，也非常关注儿子的教育，目前有让儿子出国留学的计划，所以她很可能有教育金规划的需求。

在给 Lisa 做孩子的教育金规划时，我告诉她，不是只有教育年金保险，教育金规划可以采用如下方式：一是基金定投，但注意不要只选一只基金，可以选择三只基金，其中一只股票型、一只混合型、一只货币型，以分散基金投资风险；二是国债和银行理财产品，但国债一般是 5 年期，收益较低，银行理财产品期限更短，而且趋势是收益下行；三是教育金保险，投保期间可以做高中教育金规划、大学教育金规划、留学教育金规划，而且保险还具有其他金融工具没有的功能——保费豁免，假如投保人发生重疾、全残或身故，则豁免续期保费。

当我客观地向客户列举三种准备教育金的方式，而不是单单只提一种方式的时候，客户会更容易接受我的建议。

退休规划

Lisa 经济独立，追求高品质的生活。所谓的"高品质的生活"，并非"奢侈品消费"，很多精英女性已经不那么看重包包、珠宝首饰，而是更注重生活的品质，即高品质的旅行、高品质的医疗、高品质的养老等。这也正是年金保险、养老保险的切入口，通过对险种、投保人、被保险人、受益人架构的设计，相关法律文件的签署，可以配置更多的现金流资产，安全稳健地作为退休养老金的补充。

财产保全

Lisa 作为一名单身妈妈，未来还有再婚的可能性，对于婚前财产的保全以及避免再婚可能产生的财产混同，需要提前要做好规划。婚前、再婚后的银行存款、现金等，极易发生混同，保全难度尤其高。相对于传统的存款形式，保险的账户更独立，发生混同的概率更小，如果再搭配夫妻双方的财产约定，可达到财产隔离与增值的两全效果。

客户规划方案

定期寿险

针对客户的第一个需求——收入中断风险，可以配置大额定期寿险以应对突发身故（如车祸、突发心梗、猝死、航空意外等）风险，即使在家庭主要收入中断后，保险仍能承担孩子的基本成长及房贷费用。保额的额度可以以家庭目前的生活品质为准进行配置。

重疾险 + 医疗险

针对客户的第二个需求——健康意外风险，可以配置终身重疾险 + 定期重疾险 + 百万医疗险，其中重疾给付的额度要足以应对收入补偿。

教育年金保险

针对客户的第三个需求——教育金规划，配置一份年金保险，在孩子约定的年龄领取相应的教育金，以保证有固定的现金流。

养老年金保险

针对客户的第四个需求——退休规划，我建议 Lisa 做多元化的储备，即社保 + 企业年金 + 房屋租金 + 年金保险。毫无疑问，年金保险作为退休规划的储备有不可替代的优势，比如和生命等长的现金领取，复利的二次增值功能，年金保险的专属性，等等。

年金保险 / 终身寿险

针对客户的第五个需求——财产保全。保单严格意义上是投保人的资产，从 Lisa 的金融资产中拿出一部分，配置一份大额年金保险，通过保单架构的设计，来满足她的这一需求。比如，Lisa 母亲作为投保人，拥有保单的控制权；Lisa 作为被保险人，享受年金领取的现金流；将身故受益人指定为儿子，就既能保证资产不外流，又能避免这部分金融资产在 Lisa 再婚后与夫妻共同财产混同。

⟩⟩⟩ 8.4 展业心得

在这里我有三点心得与大家分享：

中肯、客观地给出客户选择保险的建议

在服务精英女性客户时，我遇到比较多的问题之一就是产品对比。关于这个问题，我建议保险营销员要冷静思考，可以编辑一条信息，中肯、客观地告诉客户到底应该如何配置保险。通常我会编辑这样一条信息发给客户：

首先，我会感谢客户，感谢她能与我沟通、交流保险事宜。我们都知道，现在每个人的朋友圈里都有几个做保险的朋友，客户能选择咨询你，至少是认可你的，所以要先表示感谢。

其次，我会明确以下几个问题。

（1）客户比较关心的问题——保费。并不是保费越低的产品就越好，为什么这么说呢？这就像我们选择让孩子去哪个国家留学一样，并不是哪里的费用最低就去哪里，我们看重的是留学质量。保险配置也一样，要以长远的、发展的眼光去衡量它，如果重疾的赔付次数更加人性化，前十年的杠杆作用更大，那么支付相应的保费就不是什么大问题。

（2）科学完整的保险配置，不是单纯买哪一个险种，而是一套整体的规划方案。附加险作为规划方案的一部分，会大幅提升性价比，从科学合理的角度来看，单纯对比险种并不科学。

（3）配置保险并不是单纯地选一个险种，更要关注保险公司的口碑和偿付能力。

（4）保险顾问的选择很重要。每个人身边都有几个从事保险业的朋友，但是真正能在这个行业坚持 10 年以上的不多。对待保险行业，我始终有敬畏心，这也是为什么我可以坚持 13 年依然热爱这份工作。

以"共情"的心态去服务精英女性客户

哈珀·李在《杀死一只知更鸟》中说："你永远不可能真正了解一个人，除非你钻到他的皮肤里，像他一样走来走去。"我们每个人的人生经历都不相同，因此我们无法体会别人在面临选择的时候，有过怎样的心路历程，所以请以"共情"的心态去服务精英女性这个客户群体，既不要随意评判她们的生活方式，也不要轻易打搅她的幸福感知。如果你能成为对方可倾诉、可信赖的朋友，那么你的建议，对方会欣然接受。

注重资源的积累和利用

平时我们要注重积累资源，这样到了关键的时刻，我们就可以为客户提供更多的资源，解决客户遇到的难题，自己也就能慢慢拥有不可取代的价值。

第9章　职业投资者

本节老师：李厚豪

⟫⟫⟫ 9.1 认识客户

　　按照维基百科的定义，投资者（Investor）是指在资本市场中将资金作为闲余社会资源，汇集到社会的重要产业环节中的人。他们付出资本，承担商业风险，收取利润，关心投资回报率，重视风险管理。按照主体划分，投资者包括个人、家庭、企业和政府。本章当中，我们所说的职业投资者，主要是指以投资为职业的个人，投资方式主要为创业，购买股票、基金，或者进行物业投资。

　　通常来说，与专业投资机构相比，因受投资额和知识存量的限制，职业投资者的边际信息搜寻成本较高，对信息的接受能力和分析能力较差，力量分散，多数情况下是跟风决策，热衷于追求短期的高额回报，自我保护意识和自我保护能力较弱，最为常

见的表现就是股市散户的"追涨杀跌"。[①] 简而言之，职业投资者
的一大特点是面临的风险比较大。

职业投资者的另一个特点，是具有明显的投资生命周期，即
探索期（25 岁以前）、建立期（25 ~ 35 岁）、稳定期（35 ~ 45
岁）、维持期（45 ~ 55 岁）、高原期（55 ~ 60 岁）、退休期（60 岁
以后）。虽然这里的年龄划分不一定严丝合缝，但大致来说，职
业投资者的投资生命周期与他们的自然生命周期是重叠的。

与这两个特点相对应，职业投资者面临的风险也是双重的：
第一重风险，来自投资者的投资技能和市场环境的变动，具
有偶然性；第二重风险，来自个人生命力的衰落，这是一种必
然性。

我们知道，保险是一种重要的风险管理手段。往大处说，它
是金融体系和社会保障体系的重要支柱；往小处说，它是规划人
生财务、化解财务风险的一种工具。对于职业投资者而言，保险
的作用是显而易见的，但令人啼笑皆非的是，许多职业投资者对
保险并不感兴趣，甚至还有些抵触。

为什么会出现这种怪象呢？

职业投资者对保险的误解

误解一：保险是骗人的

"保险是骗人的"这个观念并非职业投资者独有，国内很多
人都对保险有这样的误解。

---

① 陈洋. 中国投资者的行为特征 [D]. 长沙：湖南大学，2008.

20世纪90年代前半期，保险行业的形象是很正面的，当时保险进入中国的时间还不长，行业准入门槛比较高。20世纪90年代后半期，保险行业进入野蛮扩张阶段，行业准入门槛降低，大量低素质的保险营销员疯狂出击，直接破坏了保险行业的整体形象。就是从这时候开始，人们产生了"保险是骗人的"这一刻板印象。20世纪末期，中央财政措施调整，各大保险公司为了发展壮大，纷纷推出投资型产品，有些保险营销员过分夸大收益，对风险却闭口不提，致使许多客户吃亏上当。对于形象本来就有所损坏的保险行业，这无疑是雪上加霜。

出于这两方面的原因，许多人至今依然对保险行业没有好感。

误解二：保险收益有限

职业投资者最为关心的是投资回报率。与第一个误解相比，"保险收益有限"更是对职业投资者兴趣的致命一击。

准确地说，"保险收益有限"并非误解。保险的确可以带来收益，但它的核心功能是实现风险转移，保证被保险人或受益人的生活不会因为意外而改变，投资收益只是它的次要价值。

尽管保险产品中不乏收益比较高的险种，但收益功能与保障功能往往是此消彼长的关系，收益功能强则意味着保障功能弱，反之亦然——当然，保险的核心功能是保障，收益功能再强也无法喧宾夺主。也就是说，站在客户（职业投资者）的立场上，选择险种时必须有所侧重，认清自己看重的是"保障"还是"收益"；站在保险营销员的立场上，面对客户（职业投资者）时，我们必须向客户普及保险的保障功能，强调保险的核心价值。

误解三：保险的功能可以通过投资实现

有的职业投资者对保险倒是有一定的了解，但他们认为保险的功能完全可以通过投资来实现。不可否认，如果在投资活动中永远立于不败之地，保险能带来的主要效益（保障）和次要效益（收益）完全可以忽略。但问题是，投资活动中从来都不存在永恒不败的赢家。

职业投资者总是对沃伦·巴菲特、彼得·林奇、比尔·米勒的传奇经历津津乐道，认为他们是投资活动中永恒的赢家。事实上，他们出色的投资记录更多是源于数十年没有大亏损。

霍华德·马克斯[1]认为，杰出的投资者之所以杰出，原因在于他们拥有出色的风险控制能力，但因为对风险控制的认识普遍不足，人们往往只关注杰出投资者的收益，而忽略了他们对风险的控制。

投资活动中不存在永恒的成功者，却存在永恒的风险。波动性风险并不可怕，可怕的是会造成永久性损失的风险，更可怕的是永久性损失发生在投资生命周期的末期。因此，拥有能够给投资活动保驾护航的保单，对于职业投资者而言是非常有必要的。

这里所说的"非常有必要"只是一种概述，保险营销员在接触职业投资者客户时，还需要具体问题具体分析，以便做进一步的沟通。

下面是我总结的职业投资者"非常有必要"购买保险的五个原因，希望能帮助保险营销员更好地为这类客户服务。

---

[1] 霍华德·马克斯：美国橡树资本管理有限公司（Oaktree Capital Management）主席与共同创始人，沃顿商学院金融学士，芝加哥大学会计与市场营销专业 MBA。

职业投资者购买保险的五大理由

理由一："三权"分立，债务隔离

"三权"指所有权、控制权、受益权。把鸡蛋放在同一个篮子里不是错误，掉在地上才是错误，但我们难以预知篮子什么时候会因为什么意外掉在地上。不管投资物业、股权还是股票，三权都是在同一个人名下。保险却不一样，它的三权可以分别属于三个人。

比如，王某的投资面临的风险比较高，如果他将母亲设置为投保人，将自己设置为被保险人，将儿子小王设置为受益人，那么这三个权利就分别属于三个人：所有权在母亲手中，控制权在王某手中，受益权在儿子小王手中。如果王某的投资发生意外，债主也无权要求他用保单清偿债务，因为保单或保单的现金价值没在他的名下；同样，如果王某发生保险事故，被指定的受益人即为享有保险金请求权的人，获得的保险赔偿金不属于被保险人的遗产，也可以实现债务隔离。

理由二：实现财富的定向传承

有老投资者，有大胆的投资者，但没有大胆的老投资者。

大多数情况下，进入投资生命周期的末期后，职业投资者的投资策略都会比较保守，将传承财富视为终极目标。如果事先没有对财富进行安排，那么他们留给继承人的财产在走完继承权公证流程之后，很可能会大大缩水，毕竟父母的遗产，儿媳或女婿同样可以分得一半。

此时，保险的优势就凸显出来了。通过合理设计保单架构，可以实现财富的定向传承，将投资者辛苦一生打拼下来的财富，安全高效地传承给指定的继承人。

理由三：强制储蓄

纳西姆·尼古拉斯·塔勒布[①]认为，我们往往是在编造理由或者编造逻辑关系的前提下去观察一系列的事实，进而将事实本身和对事实的解释混合在一起，使一切符合我们编造的理由和逻辑关系。

用一个词语来概括，这种做法叫"削足适履"；对于职业投资者，这种做法叫"经验主义"。许多职业投资者高度依赖经验，认为以往的成功都是依靠经验得来的，却没有察觉到其中所掺杂的形势和运气因素。这就如同做乘法，前面的成功或许是乘以 1、乘以 2、乘以 3、乘以 4，但只要乘以 0，结果就只能是 0。所以巴菲特在选择接班人的时候，说自己需要一个"天生能够程序化地识别并避免各种严重风险的人士"。

这句话使许多人疑惑，不明白巴菲特所说的"天生"和"程序化"到底是先天素质还是后天素质。但毫无疑问，保险同时具有这两个功能：其一，它的核心功能就是保障；其二，它有相应的触发机制，能够程序化地解决问题。

为了追求利益，很多职业投资者将绝大部分的资金都投放到项目当中，手里一般没有稳定的现金流，这样显然是没有什么风险抵抗力可言的。但如果买一份期交保险，每年必须拿出几十万

[①] 纳西姆·尼古拉斯·塔勒布：黎巴嫩裔美国人，著名思想家，怀疑经验论者，金融业人士，风险工程学教授，诺贝尔经济学奖得主丹尼尔·卡内曼称其"改变了世界对不确定性的看法"。

元或者几百万元放到保险账户中，就能帮助他们把钱强制性地储蓄起来，即使"0"突然到来，也能保证资金链不会断裂。

理由四：有利于维持家庭和谐

这个理由承接上一个理由而来，不同的是，上一个理由侧重的是投资活动本身，这个理由侧重的是家庭状况，它们就像硬币的两面。

投资亏损所带来的财产流失是直接性的，因财产流失而对家庭造成的影响是间接性的。如果投资者的日常用度极度依赖投资本金和投资收益，那么间接性的损失往往就会大于直接性的损失。

谈及自己经营的保险公司如何应对巨灾式风险时，巴菲特说："（自己的）保险公司在评估其从再保险公司获得的财务保障时，必须对保护链上的每一个环节进行压力测试，必须考虑在非常糟糕的经济环境下发生巨灾式损失的情况。"

事情不同但道理相同，职业投资者也可以把这个道理代入自己的家庭生活中。投资带有赌的成分，但无论如何也不能把家庭赌进去。进行高风险投资之前，投资者应该像巴菲特那样，对家庭生活中的每一个环节——比如，自己的养老问题、父母的养老问题、孩子的教育问题等——进行压力测试，确保无论发生什么问题，自己都没有后顾之忧。在这一方面，保险可以提供强大的支持。

理由五：受益期限与被保险人生命等长

"被动收入"是近年来比较热门的一个词，这个概念最早由美国国税局提出。究竟什么是被动收入？关于这个问题，现在还有许多争议，但研究者普遍认为被动收入有别于常规劳动收入，是资本增长的结果。

　　投资和投保都能带来被动收入，但因为风险的存在，投资活动中从来都没有永恒的赢家，任何一个职业投资者都会在投资生命周期中遇到起落涨跌，与生命等长的可收益投资项目当然也是不存在的。然而，年金保险中的生存年金，却可以做到与被保险人的生命等长，被保险人能活多久，生存年金就可以领多久。可以说，它是稳定性最强的被动收入，至少也是之一。

　　一般来说，从以上五个理由跟职业投资者客户聊保险话题，客户是会比较感兴趣的。如果客户说："我觉得你说的方案还是不够完善，我希望能够有一个方案更全面地解决我的需求。"我们还可以切入保险金信托或家族信托，不过这就是另外一个问题了。

》》》9.2 展业流程

　　在展业流程部分，我总结了与职业投资者客户成交保单的两个步骤：揭示客户风险问题，沟通财富保全意义。

揭示客户风险问题

　　关于投资与风险的关系，投资界有一个广泛应用的图示（见下图），它是一条倾斜向上的"资本市场线"，表明风险与收益之间的正相关关系。

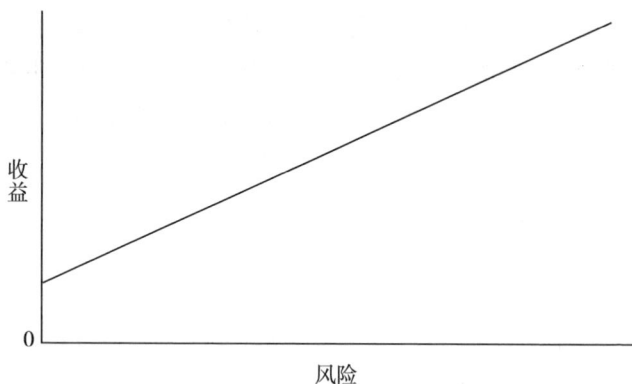

图示优雅而简约，呈现的风险与收益之间的关系一目了然——收益越大，风险越大。不然，哪个投资者愿意冒险呢？

事实上，与职业投资者客户接触时，他们也经常将"收益越大，风险越大"作为拒绝投保的理由。霍华德·马克斯认为，靠高风险获得高收益是绝对不可能的，如果高风险确实能带来高收益，那么高风险就不是真的高风险了。在他看来，正确的表述方式应该是，为了吸引资本，高风险的投资必须提供更好的收益前景、收益承诺，这并不代表高风险与高收益之间存在绝对的正相关关系。

因此，与职业投资者客户接触时，我们首先要做的，就是破除他们对"高风险带来高收益"的迷信，使他们从理论上正视风险的存在和危害。但这只是引子，因为职业投资者可以分为不同的类型——比如，商铺投资者、房产投资者、股权投资者等——不同类型的客户都有其客观存在的风险，找到客户个性化的风险问题才是保险营销成功的关键所在。这也就要求我们必须拓宽视野，不能只是专攻保险领域，而应该对投资行业、金融政策、房地产政策等领域也有一定的了解。在这些领域里成为专家是不现实的，我们的投资经验、技能也很难与职业投资者相比，但我们至少应该做到能给客户提供参考性的意见，激活客户的投保意愿。

沟通财富保全意义

术业有专攻。投资领域是客户的主场，我们只是助攻，所能做的是有限的，但保险领域是我们的主场。激活客户的投保意愿之后，也就到了我们发挥强项的时候。大家可以从两个方面入手，与客户沟通财富保全的意义。

第一个方面是使客户意识到保险对财富保全的重要性。

财富获取重要，还是财富保全重要？职业投资者对这个问题的回答总是一成不变的——都重要。问题是，谁都不可能同时把精力放在这两个方面，必须做出不同程度的取舍。

霍华德·马克斯将投资分为两种类型：进攻型投资和防御型投资，前者可能带来超出预期的收益，也可能造成惨痛到无以复加的亏损；后者能提高投资者渡过难关的可能性，使投资者有足够长的时间享受之前的胜利所带来的回报，但它是通过避害的形式来进行的，持续而稳健，不像进攻型投资那样令人瞩目。在这两种投资方式中，马克斯更加青睐后者，主要原因就在于它有利于财富保全。

防御型投资得到收益的方式主要为：A.否定风险系数过高的投资，正是从这个角度，证券分析之父格雷厄姆说防御型投资是一门"否定的艺术"；B.避开衰退期；C.投资多元化，控制投资组合的总体风险。

对于保险来说，其风险系数很低，几乎与 A 无关；受市场繁荣或者衰退的影响很小，与 B 也没有太多关联；作为投资方式的一种，它的核心功能就在于化解风险，与 C 正好契合。

诚然，防御型投资是财富保全的一种重要方式，但它在很大程度上依赖投资者的个人能力。相比较而言，保险的财富保全功能无疑更为全面，因为给这道安全锁提供技术支持的是保险公司，是一个机构。我们不知道什么时候会下雨，但带着伞总是有备无患；我们不知道地震什么时候到来，但把房子造得坚固一些终究是正确的。也只有在财富保全的前提下，我们在投资活动中才能拥有投资自由。

第二个方面是使客户认识到保险对家庭的意义。

通过保险实现财富保全，通过财富保全实现家庭幸福。这个方面其实是承接第一个方面而来的。关于保险对家庭的意义，相信我们在实际工作中已深有体会，这里不再赘述。

》》》9.3 案例复盘

在案例复盘部分，我将与大家分享我与一位职业投资者客户成交保单的过程。

客户基本信息

赵总，今年 60 岁，专职炒股 20 年，有一个儿子、两个女儿，都已经成家；儿子膝下有一子，两个女儿膝下各有一女。作为职业投资者，赵总的事业相当成功，个人资产上亿，对炒股有自己的心得体会。

虽然在财富上有所成就，但赵总的家庭生活却不怎么美满。为了将来继承更多的财产，他的两个女儿钩心斗角，时常发生争执，当着他的面也经常说出"将来爸不在了"这种话。他的儿子倒是孝顺，但没有上进心，花钱大手大脚，热衷于参加玩命的极限运动，百般规劝也无济于事。

营销行为分析

保险营销员要切记，与客户进行初步接触的时候不要直接介绍保险产品，这样容易给客户留下急功近利的印象，也容易导致客户产生逆反心理和防范心理。

与赵总初次接触时，我是这样切入的：

赵总您好，早就听很多人说您是投资界的大拿，真是名不虚传，您的言谈举止确实有一种沉稳老练的大将之风。常言说"老骥伏枥，志在千里"，您现在的事业已经稳固，也该到了享受成果的时候了。

我既凸显了赵总作为成功人士的优秀，也委婉地指出，他现在处于投资生命周期的末期，到了该享受人生的阶段。听到这些话时，赵总并没有流露出太多的喜色，但看得出来他还是很受用的。同时，他的神色中还有一些忧虑。

我事先做过相应的调查，知道赵总忧虑的原因何在，但赵总不说，我就不能"破门而入"，否则会让对方觉得自己的隐私受到了侵犯。换句话说，我应该引导赵总说出为何忧虑，而不能主动把话挑明。于是，接下来我又说：

您这样的成功人士急流勇退，肯定会有些事放不下。但人这一辈子，有拼搏，有享受，才是多姿多彩的。如果现在让您开始享受人生的话，您最放不下的是什么？

这就相当于把话题切到了客户的痛点上。

据我的事先了解，赵总本身就有退隐的想法，但他因为家庭问题焦头烂额，打算再在商海中拼几年，尽可能地多给子女留些财产，尽量让每个人都满意。就事实本身而言，他暂时无法退隐是被迫的，若我说"如果现在让您开始享受人生的话，您还有什么困难要解决吗"，他可能会相当不爽，因为"困难"这个词隐含着对他的能力和事业的否定，等于变相地指出他想退隐而无法退隐的尴尬。相反，用"最放不下的"来取代"有什么困难"，既肯定了他的能力和事业，也等于把被动选择题变成了主动选择题。

揭示客户风险问题

经过前期沟通，赵总将隐忧和盘托出。与我之前所了解的信息基本一致，他面临的财富问题主要有两个：

第一，投资有风险，他的精力和脑力一年不如一年，暮年再杀回马枪，他不知道自己能不能很好地控制投资风险。

第二，在管理既有财富和创造新的财富之间，他一时难以抉择。

客户的问题往往是多方面的，保险营销员必须有化繁就简的能力，看到问题的本质所在。

投资的目的是赚钱，但赚钱并不是终极目的，终极目的是得到幸福。很多投资者虽然赚到了钱，但因家庭问题并没有得到幸福。在这方面，赵总已有切身体会，他面临的两个问题其实可以归结为一个问题——让自己和家人过上安稳幸福的生活。

这是我们的共识和进一步沟通的出发点，也是我为赵总提供解决方案的立足点。

提供解决方案

建议一：顺应投资生命周期，放弃进攻型投资

60 岁的时候还想在商海里杀回马枪，大赚一把，这并不是绝对不能实现的。但在投资生命周期的末期，人的精力是有限的，对市场的观察能力、分析能力和判断能力难免会大不如前，面临的风险会反向飙升，稍有不慎，之前的成果就会化为乌有。

赵总身经百战，对投资的风险深有体会，很容易接受第一个建议。

建议二：财富保全重于财富获取

这个建议是对建议一的延伸。

财富保全与财富获取的轻重取舍并不是绝对的，但对于赵总而言，前者的优先级无疑在后者之上。相对于大多数人而言，赵总的资产可谓相当丰厚，但问题的关键是，即使他再度投资成功，获取再多的财富，他和他的家人恐怕也不会过上安稳幸福的生活。因为人对金钱的追求是没有止境的，赵总得到的财富越多，他的子女对财富的渴求也会随之增长，特别是他两个女儿之间的矛盾，极有可能会随着财富的增长而激化。况且投资需要冒险，并不一定会得到巨大的收益。

对于第二个建议，赵总也是很认可的。

建议三：利用保险保全财富，为子女的未来铺路

我给赵总提供的方案是，配置一份年金保险，他自己做投保人和被保险人，子女做身故受益人，他可以将分给子女的理赔金额按比例提前设置好。

三个子女当中，赵总最偏向儿子。从大众意义上的伦理角度来看，赵总的做法有些欠妥，但从保险营销员的职业伦理角度来看，我们必须尊重客户的选择。也就是说，对赵总的儿子还需要多考虑一些。为此，我提供的方案是，赵总拿出一笔钱给儿子，让儿子单独去投保一份年金保险，儿子做投保人和被保险人，赵总做身故受益人。

这样的设置等于对赵总儿子的人生加了三重保障：第一，一

旦将来发生最坏的情况，投保资金还能回到赵总手里；第二，如果赵总的儿子一辈子平平安安，但沉溺于安逸，这张与他的生命等长的保单，可以解决他未来的生活问题；第三，赵总的儿子自己单独投保，做投保人和被保险人，有可能改变他"爸宝男"的习气，培养财务独立的习惯，如果他以后迷途知返，奋发有为，赵总还可以把身故受益人变更为孙子。

对于这个操作性很强的建议，赵总是比较满意的，但因为投保金额较大，他迟迟下不了购买的决心，说要认真考虑一下。这是我们经常会碰到的问题，我的建议是尽快敦请客户做决定。在后续的沟通中，我是这样跟赵总说的：

赵总，我建议您早点做决定。

一来，股票投资风险比较大，财富保全做得越早越好，只要您在股市一日没有收手，您的钱就不属于您和您的家人，而是属于您的"债主"。

二来，我直说您别介意，人有旦夕祸福，如果您还没做好财富安排，就有什么闪失，您的财产就只能按照法定继承的方式来传承，您的儿子十有八九不会得到特别的对待，他和他的两个姐姐也很有可能会因为财产分配发生冲突。

按照法律规定，儿子和女儿分得的财产，儿媳、女婿也有一半。您的孩子们未来的路还很长，我们都希望他们以后的生活平安美满，但未来怎么样，谁也不好说。如果您没有及早做财富安排，他们的家庭将来又很不巧地发生了什么矛盾，您的财产就有流到外人手里的风险。

那次见面后的第四天，赵总就签单投保，从准客户变成了正式客户。

》》9.4 展业心得

表面上，职业投资者追逐金钱，但他们真正追求的，其实是金钱给他们的人生和家庭带来的附加价值。如何帮助他们正确地利用财富、保全财富，以及如何帮助他们实现财富对人生和家庭的价值，是每个保险营销员都要研究的终极命题。

我们应该忽略与客户签订的保单能带给自己多少个人回报，忽略我们的业绩追求，更应该做的，是发自真心地帮助客户实现他们的愿望，帮助他们用金钱铺就通往幸福的人生之路。

第10章　年轻白领

本节老师：杨宁昱

》》》10.1 认识客户

　　2004 年 10 月，美国《连线》杂志主编克里斯·安德森提出了"长尾理论"。该理论提出，只要产品的存储和流通的渠道足够大，非主流的、需求量小的产品所占市场份额就可以和主流产品所占市场份额相匹敌，甚至更大。百度、腾讯和阿里巴巴的成功都得益于此。

　　那么，"长尾理论"对我们保险营销员开展业务有什么启发呢？每个保险营销员都想找到大客户，成交大单。然而，这是可遇不可求的事，除了要有一定的人脉圈层、营销技能、专业知识，还要有一定的运气。"长尾理论"则告诉我们，保险营销员不能只关注少数大客户，要把更多的目光投向市场上绝大多数的中小客户。也就是说，如果我们能够把握中小客户，并为他们提供优质的服务，同样可以取得非凡的业绩。

　　我下面要和大家分享的，就是如何向中小客户中的一个群体——年轻白领——销售保险。我们这里说的年轻白领，指的是 30 岁上下的单身人士或年轻夫妇。他们大多生活在一、二线城市，月收入在 8000 ~ 20000 元之间。作为公司的普通职员，他们通常缺乏理财观念和保险知识。虽然这个客户群体属于普通工薪阶层，保额一般不高，但数量足够多，也确实有购买保险的需求。

我们先来了解一下他们的一般特点。

特点一：追求生活的品质

随着社会经济的快速发展和社会观念的进步，年轻人的生活方式有了更多的选择，年轻白领就是典型的代表。他们的年龄集中在 25 ~ 35 岁之间，追求多样化的生活方式，重视高品质的生活。这意味着，保险营销员可以从规避"因病返贫""意外失业"等风险的角度切入，向他们介绍保险如何帮助他们维持高品质的生活。

特点二：关注个人职业发展

相较于其他社会阶层，年轻白领具备良好的教育背景、工作经验和职业技能，同时，他们也更加关注个人特长和能力的发挥、自我价值的实现，因此年轻白领极为重视个人职业发展。智联招聘《2021 春季白领跳槽指数调研报告》显示，"薪酬水平"和"企业发展前景不明"是年轻白领跳槽的主要原因。《2020 年就业趋势调研报告》显示，职场人士择业时考虑的 TOP3 因素是薪资水平、个人发展和工作环境。

白领跳槽的原因

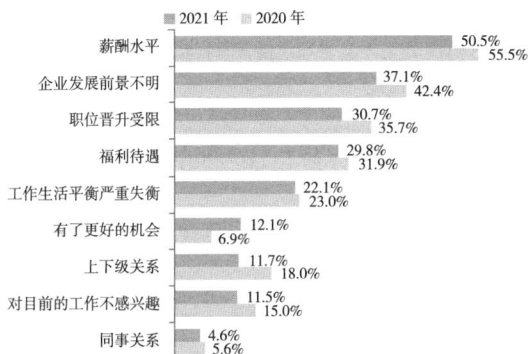

■ 2021 年　■ 2020 年

薪酬水平	50.5% / 55.5%
企业发展前景不明	37.1% / 42.4%
职位晋升受限	30.7% / 35.7%
福利待遇	29.8% / 31.9%
工作生活平衡严重失衡	22.1% / 23.0%
有了更好的机会	12.1% / 6.9%
上下级关系	11.7% / 18.0%
对目前的工作不感兴趣	11.5% / 15.0%
同事关系	4.6% / 5.6%

数据来源：智联招聘

所以，保险营销员在展业过程中，可以与他们一起畅想未来职业发展乃至人生规划，提高他们的风险保障意识。解除了后顾之忧，在面对人生机遇时，才能轻装上阵。

特点三：压力大，普遍有焦虑感

智联招聘发布的《2021 年春季中国雇主需求与白领人才供给报告》显示，2021 年春季求职期全国人才求职竞争指数[①]为 44。这意味着在全国范围内，平均每 44 人竞争一个岗位，竞争指数环比上涨 9.9，同比下降 2.3。尽管随着新冠肺炎疫情形势稳定，全国人才竞争趋缓，但年轻白领们向往的大企业仍是竞争高地，规模在万人以上的超大型企业的竞争指数高达 60.1。因此，对大多数年轻白领来说，激烈的竞争使得他们压力倍增，也变得

---

① 求职竞争指数 = 收到的简历投递量 / 发布的职位数量。

极为焦虑。

过去一年求职供需竞争指数比较
（注：供需竞争指数 = 简历投递量 / 职位发布量）

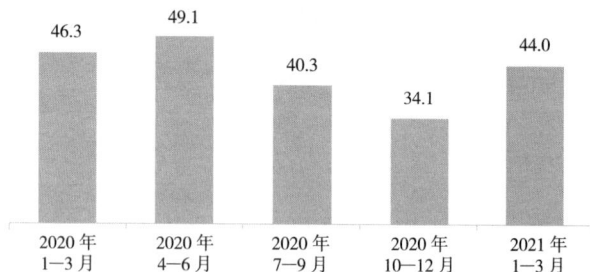

| | 46.3 | 49.1 | 40.3 | 34.1 | 44.0 |

| 2020 年
1—3 月 | 2020 年
4—6 月 | 2020 年
7—9 月 | 2020 年
10—12 月 | 2021 年
1—3 月 |

数据来源：智联招聘

这种压力和焦虑感也来自社会身份的变化。年轻白领正处于社会身份即将发生重大转变的年龄阶段。无论是从单身到组建家庭，还是从"一人吃饱，全家不饿"到"上有老，下有小"，这些转变都让他们十分焦虑。

艾瑞咨询与中国平安、三联生活周刊联合发布的《2019 年中国 22 ~ 35 岁年轻群体保险白皮书》显示，面对生活中的种种风险及压力，参与调查的 1502 位年轻人中有 81.2% 的人已经购买了自己认为必需的保险。数据还表明，年轻人压力越大，越爱买保险。

对保险营销员来说，这无疑是一个好消息，这意味着我们很容易从家庭收入中断、意外医疗费用、子女教育、赡养老人等资金的准备方面，跟他们切入保险的话题。但是根据我的经验，年轻白领虽然对保险不排斥，可他们保险方面的知识普遍比较缺乏，知道自己"需要买"，但不知道"怎么买"——咱们保险营销员的用武之地就在这儿了。

特点四：强烈的务实精神

年轻白领具有强烈的务实精神，他们注重利益，决策理智，且有较强的独立自主意识。《2019 年中国 22 ~ 35 岁年轻群体保险白皮书》还显示，在选择要购买的保险时，年轻白领更多依靠自身专业知识来判断（当然他们的"专业知识"是否足够"专业"，就是另一回事了），更看重产品条款、保险品牌以及保险营销员的专业程度。此外，他们对保险营销员身份的定位，也不仅是提供专业保险信息、保险规划和购买保险的渠道，更是投保后为自己解决一系列理赔问题的专业负责人员。

所以我们在面对年轻白领客户时，一定要有扎实的专业知识，用心设计保单，以专业服务取胜。

》》》10.2　展业流程

对年轻白领这个群体有了总体认识后，我们就要考虑如何与他们沟通，顺利为其配置保险。

刚刚我也说了，年轻白领对于买保险这件事，大多是一知半解，感觉自己应该买一些，但具体对于"买什么""买多少"，并没有明确的认知。我们保险营销员重点要做的，就是告诉年轻白领如何科学合理地配置保险。我总结了为年轻白领配置保险的四大原则，希望对大家能有所帮助。

为年轻白领配置保险的四大原则

原则一：先保人再保财

保险的种类繁多，不仅年轻白领客户，大部分客户可能也只是听说过某些保险产品的名称，却并不清楚其内涵，这就导致他们根本不知道该买什么保险产品。根据保险的特征和功能，我们可以通过运用"寿险金字塔模型"，向客户阐述"人生需要拥有的 7 张保单"，帮助他们深入了解各种保险的内容和作用，拓展他们的知识。

寿险金字塔模型

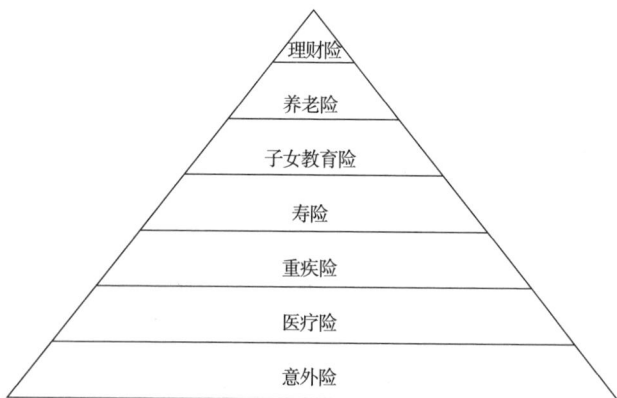

理财险
养老险
子女教育险
寿险
重疾险
医疗险
意外险

大家都知道，人身保险主要分为保障型和保财型两大类，主要对应的风险源为意外风险和健康风险。按发生概率、迫切程度、保费成本等因素综合考虑，配置顺序由基础到进阶，依次为意外险、医疗险、重疾险、寿险、子女教育险、养老险、理财险（投资理财及资产传承）。

保障型（保人）		保财型（保财）
意外险	指因被保险人出现重大意外事故导致伤残甚至身故后，保险公司将保险金一次性给付受益人或其家庭。被保险人一旦遭遇重大意外事故，会造成其劳动能力减弱甚至丧失，这笔保险金可用于补偿其收入损失、康复疗养等费用。通常建议保额配置为其年收入的 10 倍	子女教育险
		又称教育金保险，是以为子女准备教育基金为目的的保险。随着社会对教育越来越重视，父母对子女期许的加大，为子女提前准备一份教育基金成为许多父母的选择。购买教育金保险最大的好处是可以做到专款专用，强制自己存下一笔钱，以备将来子女教育的需要
医疗险	无论意外风险还是疾病风险都可能导致被保险人在医院产生诊治费用，这些医疗费用可以通过医疗险报销，花多少报多少，实报实销。建议配置百万医疗险，为潜在巨额医疗费用兜底	养老险
		是指以人的生命或身体为保险标的，在被保险人年老退休或保期届满时，由保险公司按合同规定支付养老金。养老险也可以当作一种强制储蓄的手段，帮助年轻人未雨绸缪，避免年轻时过度消费。 当今社会，"421"和"422"家庭结构① 已经非常普遍，尽早规划自己的养老问题，是对自己和子女负责的一种选择。养老险具有保障和理财双重功能，应尽早购买，越早买越划算，越早买收益越多

---

① "421"家庭结构，即四个老人、一对夫妻、一个孩子；"422"家庭结构，即四个老人、一对夫妻、两个孩子。

续表

保障型（保人）		保财型（保财）
重疾险	是指因被保险人发生重大疾病导致其无法工作，保险公司将保险金一次性给付被保险人。 一旦遭遇重大疾病，被保险人需要长期专心养病，无法工作，这笔保险金可用于补偿其收入损失、康复疗养、家人误工等费用。通常建议保额配置为其年收入的5倍	购买理财险，可以让我们强制储蓄，对自己的财产进行合理的规划。在年轻的时候，可以通过购买理财保险来补充子女教育和未来自己的养老需求等费用
寿险	顾名思义，保险标的是人的寿命，即被保险人身故后，保险公司将保险金一次性给付受益人。若担心自己的缺位会对家庭产生重大影响，可以考虑配置一份寿险，用于子女教育、父母养老以及家庭的日常开销等。建议保额配置为年收入的10倍	

理财险（位于"保财型"与两行交界处对应重疾险行）

以上就是每个人一生需要拥有的7张保单。因为保财型保险需要投入较多资金，而年轻白领的收入不算太高，生活压力也不小，所以就目前来说，他们主要还是配置基础的保障型保险。

原则二：不同的人生阶段，配置不同的保险产品

在人生的不同阶段，保险配置的侧重点也有一定的差异性。就年轻白领这个客户群体来说，大致如下：

对于单身人士，建议配置意外险＋医疗险＋重疾险的保障型组合，用来抵御重大疾病或者意外风险；若担心极端情况发生，父母老无所依，可以考虑再配置一份寿险，用来保障父母的老年生活；若考虑到自身未来养老问题，可以适当配置相应的养老险、年金险或增额型终身寿险等产品，作为日后养老金的补充。

对于新婚无子女的年轻夫妇，保险配置建议与单身人士类似，但需增加家里的经济支柱的保额。

对于已婚且有小孩的年轻夫妇，建议经济支柱配置意外险＋医疗险＋重疾险＋寿险，配偶配置意外险＋医疗险＋重疾险，孩子配置意外险＋医疗险＋重疾险＋子女教育险。

当然，以上只是针对大多数年轻白领的一般建议。在实务中，保险营销员还要考虑年轻白领的职业、家庭状况等综合因素和实际情况，为他们量身定制。

原则三：先保大人再保小孩

为年轻白领做保险规划，还要考虑急迫性与重要性，对家庭成员的保险配置进行一定的排序。大致原则是：若预算充足，则为家中每位成员都配置保险；若预算有限，则优先给家里的经济支柱配置保险。

优先为经济支柱配置保险后，就算他因意外或重疾无法工作而导致整个家庭丧失经济来源，保险金也可以为家庭生活提供一份基本保障。如果优先为其他家庭成员配置保险，则无法有效分散风险。

原则四：当下就是配置保险的最佳时机

相信很多人都听过这段话："投保的最佳时间只有两个：一个是孩子出生 28 天，此时就可以买保险。这时候买，保费最便宜，保障时间最长，家人最安心！另一个是不管你现在多大，无论 30 岁、40 岁还是 50 岁，如果之前未购买，那最好的投保时间一定是现在！"

为什么说最好的投保时间一定是现在呢？首先，没有人能预测"疾病"和"死亡"发生的确切时间；其次，随着年龄的增加，身体机能的下降，保险公司政策的改变，配置保险的成本将会增加；最后，购买保险的时间越晚，获得的保障时间也越短，可配置的优质产品可能也越少。

所以，保险营销员要让年轻白领意识到，趁自己年轻和健康的时候配置保险，是最好的选择。考虑到年轻白领的收入，可以建议他们先配置基础的保障型保险，以后收入增加了，再配置保财型保险。

以上是我根据自己的实务经验总结的为年轻白领配置保险的四个原则。遵循这四个原则，我们就可以更科学、合理地为他们配置保险产品。那么，保险营销员具体应该如何做才能实现成交呢？

"六脉神剑"：教你六步搞定客户

金庸的武侠小说《天龙八部》中有一套神功叫"六脉神剑"，通过指尖内力隔空发出剑气，以气走剑，有质无形，堪称剑中无敌。我根据自己的实务经验，总结了一套搞定年轻白领客户的"六脉神剑"：接触客户、切入话题、达成共识、算账、植入观念和做出选择。

针对年轻白领客户的"六脉神剑"

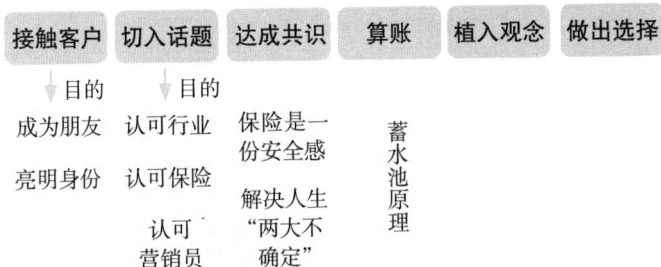

接触客户	切入话题	达成共识	算账	植入观念	做出选择

↓目的	↓目的				
成为朋友	认可行业	保险是一份安全感	蓄水池原理		
亮明身份	认可保险				
	认可营销员	解决人生"两大不确定"			

第一步：接触客户

年轻白领客户的资金量不大，通常戒备心也较强，所以在面对这类客户时，不能着急，不要想着一见面就签单，要先放平心态。我们接触客户的第一个目的是与他们成为朋友，有了足够的信任和认可，才有可能成交。

那么，如何与年轻白领客户成为朋友呢？这里我提供三种方法供大家参考。

1. 了解客户信息，快速建立共鸣

我给大家设计了一张客户信息收集表，保险营销员在向年轻白领客户销售保险前，一定要了解客户的四类信息：

家庭情况，包括客户三代以内的情况。

财务状况，包括收支情况、负债情况、社保情况等。

客户特质，即客户的性格、爱好、生活习惯、工作特点等。

客户需求。一般来说，这类客户都没有什么明确的需求，需要我们通过"诊断"、发问来激发他们的需求。这也是年轻白领客户比较难接触、难促成的原因所在。

客户信息收集表

家庭情况	财务状况	客户特质	客户需求
个人基本信息、婚姻状况、父母状况、兄弟姐妹状况	收入、支出、负债、其他（存款、投资、社保等）	性格、爱好、生活习惯、工作特点等	显性需求、潜在需求（通过沟通激发他们的需求）

在了解信息的过程中，保险营销员可以从谈论双方共同感兴趣的话题开始，跟客户快速建立共鸣，让两个人的关系逐渐"热"起来。比如，当客户说到生活和工作的压力时，你可以根据自身的情况或身边年轻白领的情况，表达自己对其处境的理解。

2. 为客户做些"雪中送炭"的事

保险营销员可以在年轻白领客户需要的时候帮些小忙，做些"雪中送炭"的事。比如解答客户的某些问题，在客户遇到困难时主动帮忙，等等。

3. 送客户礼物，拉近彼此距离

在了解年轻白领客户的脾气性格、兴趣爱好之后，可以在适当的时候送他们一些礼物，拉近彼此距离。要注意的是，送的礼物不能太大，否则客户会有压力。但即使是小礼物，也必须是客户喜欢或需要的。

比如，可以在客户过生日的时候，手写一张贺卡，再准备一份精致但不贵重的小礼物送给他，表明你对他的关心和在乎。

接触客户的第二个目的，就是要让他们知道你的身份，知道你是保险营销员。具体来说，保险营销员在与客户谈到工作和生活的时候，可以简单介绍自己，注意是"简单介绍"，一定不要谈太多，只需要让客户知道你的工作是什么就可以了。

第二步：切入话题

根据我的经验，保险营销员应该至少与年轻白领客户见过两三面之后，再开始聊保险这个话题。一般情况下，我们会先问客户："您买过保险吗？"客户的回答也无非两种，肯定或者否定。

如果客户的回答是肯定的，我们要先恭喜他已经拥有了一定的保障，然后再询问他买的是哪些保险、为什么买、以后是否还有中长期的规划等。如果客户的回答是否定的，那我们就问："为什么您没有买保险呢？"客户的回答大致有三类。对于如何回应客户，我们要做到心中有数。

第一类——"我不信，保险都是骗人的！"

面对这类回答，我们可以从四个角度跟客户聊。

首先，从保险的起源说起，从诞生到发展至今，保险在国外已有几百年的历史，在国内也有几十年的历史了，这说明"保险的存在是有合理性的"，如果保险是骗人的，不可能存在这么久；再从国家的政策导向、对保险业的扶持、目前市场大环境以及保险的社会价值等，说明"保险是社会的稳定器""连国家都需要保险，个人就更需要"；然后，我们可以拿出自己的工资条，让客户看纳税一栏，向客户说明我们是国家认可的合法的纳税公民，如果保险是骗人的，国家怎么会认可我们的收入，让我们纳税呢？最后，跟客户讲明，"出了险没理赔"的情况可能是由于业务员当时没有讲清楚条款或者不够专业造成的，因为保险的针对性非常强，买什么管什么，所以业务员是否专业是非常重要的，等等。

第二类——"有考虑，但不敢尝试。"

遇到这一类回答时，我通常会先问客户："您以前有没有遇到过保险营销员？"

如果客户回答"有"，那我会询问客户没有跟那位保险营销员买保险的原因，得到的回答一般都是"讲不清"或者"干不长"。此时就是我进行自我包装的好时机，我会重点介绍一下自己在专业度、行业年资上的优势，讲讲自己取得的成绩，来获得客户进一步的信任和继续聊保险的机会。

如果客户回答"没有"，我会先跟客户讲明此刻购买保险的必要性：

无论经济状况如何，每个家庭都需要规划两笔钱——"救命钱"和"钱滚钱"。"救命钱"是用来解决家庭突发风险问题的钱；"钱滚钱"是家里有多余的、可以拿去做投资的钱，即使投资亏损，也不会影响家庭生活。您觉得一个家庭应该优先准备哪笔钱呢？

一般当我问到这个问题时，客户都会陷入沉思，这时我会继续说：

其实这笔"救命钱"就是保险，遗憾的是很多人到了中年甚至老年才意识到。到那时候年纪大了，身体状况也不好了，想买保险都不好买，甚至买不了。

我们回应的重点是先跟客户说明购买保险的重要性和紧迫

性，再介绍自己的优势，向客户说明自己足够专业，值得信任。

第三类——"有社保就够了。"

随着社保制度不断完善，越来越多的人发出这样的声音："别劝我买保险了，我有社保，不需要别的了。"

然而，有社保真的就够了吗？我们都知道，社保是国家给予公民的最基础、人口覆盖范围最广的保障，是一项人人都应该享受的惠民福利。但是社保也有其短处，因为国家要保证保障的范围足够广，那就意味着，分摊到每个人头上的数额不会特别高。也就是说，社保只能提供最基础的保障。

举个例子，医疗保险和养老保险是社保中最主要的两个方面。医疗保险下有起付线，上有封顶线，且只能报销医保内的用药，像进口抗癌药、新特效药等丙类药都需要自费；养老保险只能保证我们吃得饱，而不是吃得好。人社部此前发布的《2019年人力资源和社会保障事业发展统计公报》显示，2019年我国共有12310万名离退休人员，养老金支出供给49228亿元，相当于人均每月养老金待遇3330元。想要过高品质的养老生活，这些钱恐怕是远远不够的。

可以说，社保的优点是能覆盖到社会中的每个人，且个人支出不需要很多，但它的缺点也非常明显，就是保障力度不够大，无法做个性化配置。一旦客户罹患重大疾病或者发生意外事故，仅有社保就不够了。商业保险是非常好的风险转移工具，健康时由保险公司来承保，发生风险时由保险公司十倍甚至几十倍地赔偿，可以很好地弥补社保的不足。

通过这样的沟通，你会发现我达成了三个目标：让客户认可保险行业，认可保险，认可我这个保险营销员。

第三步：达成共识

在这一步，我首先会问客户："您觉得保险是什么？"以此来了解客户对保险的看法。

接着，我会向客户阐述保险的功能，比如我会这样切入：

保险，说到底就是给自己买一份心安。我们每个人活在这个世上都需要安全感，但您能从谁身上找到安全感呢？父母吗？父母不能跟我们生活一辈子。爱人吗？如果对方自己都没有安全感，又怎么能给您呢？所以说，人的安全感只能由自己给。

这种"安全感"的来源，很重要的一个方面就是钱，就是一笔稳定、可靠的现金流。这听起来可能很俗，但现实就是这样的，人没有钱是万万不行的。保险就是帮您锁定这样一笔钱的工具，签订合约就能生效，而且它受国家法律的保护，绝不会有一天突然就没了，而是永远在您身后保护您，成为您坚实的后盾。我常跟身边的朋友说，每个人都应该为自己和家人准备一把无形的"保护伞"，这样意料不到的"风雨"才不会把我们击垮。这把无形的保护伞，现在就在您面前。

此外，保险也是应对人生"两大不确定"的最佳工具。第一个不确定，是指人在年纪尚轻、身强力壮时得了大病，此时不但没法挣钱，还要支出大额医疗费用；第二个不确定，是指人年老时没有赚钱能力了，但生活上、身体上都要花钱。要解决这两个"不确定"，最科学的做法就是，年轻的时候每个月给自己存一笔钱，这笔钱就是保险。

以上这些话，揭示了保险的两大功能：一是作为一笔持续稳定的现金流，为客户提供足够的安全感；二是作为风险转移的工具，帮助客户应对疾病、养老这两大风险。

第四步：算账

假设客户的月收入为 1 万元，如果他不做财务安排，每月的消费不加控制，很可能就是个"月光族"。这时候我会用蓄水池原理给客户算一笔账，帮助客户意识到财务安排的重要性。

蓄水池原理

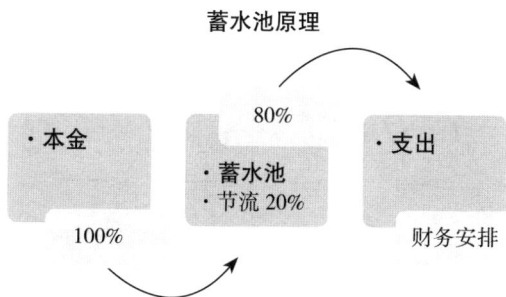

根据图示，我们可以将本金 1 万元的 20%，即 2000 元注到蓄水池中，剩下的 80% 由客户自由支配，也可以让客户看作自己每月实际收入 8000 元。然后，我会问客户："每个月 8000 元，您觉得自己能活得下去吗？"

一般客户的回答都是"能"。如果客户回答"不能"，那你接着问："那投入 1000 元行不行？500 元呢？"需要注意的是，这个数字一定得从大往小说，毕竟投入越多，客户能够享受的保障程度就越高。但无论客户每月节流的这笔钱是 2000 元、1000 元还是 500 元，都会对他的财务安排起到非常人的作用。可以说，财务规划对任何人来说都是科学、合理且有必要的。

第四步的目的就是告诉客户，节流很重要！

第五步：植入观念

讲明了节流的重要性之后，接着问客户："假如您现在每月能节省 1000 元，您想把这笔钱放在哪里？"一般客户都会说存银行，这时我们就可以用 T 型账户比较法，向客户讲明存银行和买保险的区别。

T 型账户比较法

银行账户	规划账户
1000 元 / 月 1000 元 × 12 个月 ↓ 1.2 万元	约 1000 元 / 月 ↓ 30 万元（重疾险） 1000 元 / 月（养老险）

比如，你可以这么说：

假如您每月存 1000 元到银行，每年能存 12000 元。银行储蓄是非常保守的投资，回报率自然也比较低。我们假设回报率是 3%，您从 30 岁开始存，存到 50 岁。60 岁时，您的账户大概有 30 万元。乍一看，60 岁时有 30 万元的存款，好像还不错。

但是您也要考虑未来发生各种风险的可能性。我们可以预想一下最坏的情况，如果您在存入银行账户后的头一两年罹患重大疾病，此时银行账户里只有一两万元，治疗费用却可能高达十几万元、几十万元。您觉得这样的账务状况能够帮到您吗？恐怕是不能的，即使回报率有 10% 或者更高，也不太可能满足您的需求。

我们再来看一下规划后的账户。每月您还是交 1000 元，但这个规划账户却是一个可以伴随您一生的保障账户。

我说的保障分为三部分：第一部分是 30 万元的重疾保障，如果被保险人罹患合同保障范围内的重大疾病，保险公司会直接赔付 30 万元，这笔钱可以补偿因不能工作造成的收入损失；第二部分是住院报销和意外医疗，万一我们有个小病小灾、猫抓狗咬的，无论住院还是门诊，都能有地方报销，这解决的是我们住院看病的问题，是不是挺好的？第三部分是养老金补充，趁着年轻，给未来年老的自己慢慢存点儿钱，用来补充年老时的生活所需。

说白了，您退休之后每月领的这 1000 元，正好是年轻时投入的那笔钱。这就相当于 30 万元的重疾保障和那些报销补助都是白来的，您觉得怎么样？1000 元的投入，就可以帮助您从容应对人生的两大不确定。同样是 1000 元，您觉得是放在银行账户里，还是放在规划账户里更能帮到您呢？

这就是第五步我们要达到的目的：植入观念。通过 T 型账户比较法，帮助客户了解把钱用来买保险的好处，让客户认同保险的功用。

第六步：做出选择

保险行业有一个"双 10 原则"，即家庭年交保费占家庭年收入的 10%，保额要达到家庭年收入的 10 倍。年轻白领这类普通大众客户在购买保障型险种时，同样适用这一原则。

一般来讲，年轻白领第一次购买保险时，对于保险费用和保障额度会有一个心理预期——保费一般在10000元左右，保额一般为三四十万元。此时，客户还不认为自己的身价很值钱，你跟他谈几十万元乃至上百万元的额度，想帮他一次配置足额的保险，他也接受不了。因此，我们可以结合客户个人的心理预期，应用"双10原则"，根据其收入状况推荐相应的配置额度。

在这个过程中，要让客户感觉到我们是在替他着想，所有的钱都花在了刀刃上，我们提供的方案就是性价比最高的方案。所谓"一口吃不成个胖子"，我们千万不要一下子把额度做得太大，不然很可能会吓到客户，导致前功尽弃。

在第六步，我一般会告诉客户：

因为您现在挣得不太多，每月只能拿出一两千，以后随着职场阅历的丰富，岗位技能的增强，会挣得越来越多，到时候再增加配置，我再教您怎么做。现在资金量少，我们在只能干一件事的情况下，优先解决"保命"的事——疾病和养老。现在这个方案能满足您基本的需要就行，先不要考虑"够不够"，以后收入增加了，咱们可以再去补充。

这就是"六脉神剑"的最后一步——做出选择。保险营销员要根据客户的财务状况，为客户合理地配置保险方案，帮助客户做出正确的选择。

与年轻白领客户沟通的两个窍门

关于如何成交年轻白领客户，我想给大家分享两个窍门。

不要急于求成

保险营销员在与年轻白领客户沟通保险产品时，语速要放慢，要表现得稳重、严谨，不要急于求成。一般来说，这类客户的戒备心会比较强，在沟通过程中，保险营销员最好多谈一些身边的真实案例和自己办过的理赔案例，慢慢地引导客户的风险保障意识。

不说"您要买"

真正与客户谈保险的时候，保险营销员千万不要说"您要买"这三个字，一定要引导客户主动向你询问，让客户自己做决定。这样做，一定程度上能降低客户的戒备心，也能避免他们来回比较、犹豫不决的心理。

⟫⟫⟫ 10.3 案例复盘

在这部分，我给大家详细复盘我成交的一位年轻白领客户。最后的成交结果是：一单重疾险和一单养老险，合计期交保费12000 元 / 年。与年轻白领客户成交保单的重点，在于平时对客户信息的收集、理念的灌输和引导，借助身边的真实案例激发客户的思考，从而让客户产生共鸣。在下面复盘的过程中，我也会重点讲述这几个方面。

客户基本信息

胡小姐是一家广告公司的设计师。我们是在 2019 年的一次书展相识的，已经有过较多的接触和沟通，也有一定的了解和信任基础。

家庭情况

在沟通中我了解到，胡小姐今年 30 岁，黑龙江省佳木斯市人，单身未婚；父母健在，都在老家务农；还有一姐一弟，同样留在老家发展，均已婚且有小孩。

也就是说，胡小姐是一名北漂，独自一人在北京工作和生活。这个时候，我们就不必过多地跟她聊家庭责任了。

财务状况

胡小姐月收入 10000 元左右，主要的开销包括日常消费和租房费用，每月房租 1500 元。她没有存款和投资，也没有负债，是个"月光族"。

客户特质

胡小姐性格开朗、外向，身材修长，长相甜美可爱，平时喜欢看书，尤其喜欢名人传记和文艺小说，还喜欢小动物，养了一只小泰迪。因为工作的缘故，胡小姐每天要坐着与电脑面对面几个甚至十几个小时，而且经常需要熬夜加班，生活不规律。

客户需求

胡小姐本人没有很明确的需求，只是觉得自己挣得少，存不下钱。但是在与她沟通的过程中，我发现她的潜在需求主要有三项，其中两项与自身保障相关，即个人的重疾和养老，对于这两项需求，她都还没做任何准备；还有一项需求与工作有关，她一直有一个创业梦，想自己开个人工作室，但偏偏是个"月光族"，没有启动资金。

实战分析

了解了客户的四类信息之后，就要进入实战阶段了。最终，我谈成了 2 张保单——1 张重疾险保单、1 张养老险保单，而这 2 张保单的面谈过程我就是按照"六脉神剑"的流程开展的。这六步大体上又可以分为接触、说明与促成三个环节。

第一个环节：接触

这一环节包括"六脉神剑"中的接触客户、切入话题、达成共识这三步。这个环节的目的是与客户成为朋友，让客户树立财务规划的理念。我用了两种方法来引导客户建立保险保障规划意识。

第一种方法是送书。在与胡小姐接触的过程中，我送过她一本《富爸爸穷爸爸》，用书籍来引导她树立财务规划的观念。

第二种方法是介绍对象。我知道胡小姐单身未婚，因此在一次见面时我给她介绍了一个对象，对方是个公务员，两人接触之后彼此都挺满意。胡小姐再见到我时就问我，那个男生是不是我的客户，是不是在我这里买了保险，又问他买了什么。我告诉胡小姐他买的是重疾险，紧接着，我又说："他买重疾险，是担心自己将来可能会得重疾，虽然社保能报销一部分，但很多疾病是社保保障不了的，所以他才选择配置商业保险，尤其是配置重疾险，万一以后生病了，能多一重保障。"听完我的话，胡小姐若有所思。

送书这种方法可能对所有保险营销员都适用，精挑细选一两本有助于引导客户理念的书，可以帮客户建立正确的投资理财及保险保障意识。但是第二种方法就因人而异了，要有选择地使用。

第二个环节：说明

客户有了财务规划的观念后，就可以进入第二个环节——说明。通过帮客户算一笔账，让客户意识到买保险的好处。

首先，我给胡小姐讲解了保险的意义与功能。我告诉她，在国外，男女双方在结婚前，都会看对方有没有保险，因为买保险的人，一来有责任心，二来有爱心，三来说明他经济独立稳定，四来说明他身体健康。

这时候胡小姐告诉我，她以前没有仔细了解过保险，不知道买保险有这么多好处，并问我有没有她能买的保险。此时，我就从人生"两大不确定"——疾病和养老说起。先说"疾病"，因为工作原因，胡小姐平时经常熬夜、久坐，这种工作方式会对健康产生不利影响，所以我提醒她平时一定要注意锻炼身体，并提前做好应对重疾的规划。再说"养老"，胡小姐现在年纪轻，养老的事看起来很遥远，但也正因为现在年龄小，赚钱能力还不错，才有能力给未来年老的自己存点儿钱，这样将来年老要用钱时，就不至于手足无措了。

那么，该如何应对这两个不确定呢？这就要用我前面提到的蓄水池原理及 T 型账户了。在此我有一个建议，在展业过程中，你最好直接在白纸上把蓄水池原理图、T 型账户图给客户画出来，并以客户的收入为例，帮客户算一笔账。这样不仅能展示你的专业能力，还能给客户留下一个认真负责、替客户着想的好印象。

第三个环节：促成

到这一步，我们就需要针对客户的需求，给出合理的保险产品配置方案了。

前面我在分析客户需求的时候，发现胡小姐一直有创业的想法，只是苦于没有启动资金。此时，我若可以为她提供满足这项需求的办法，无疑能够增强她的投保意向，给她更充分的投保理由。

胡小姐作为一个能力不错的设计师，只要身体健康，就不怕没活儿干，收入也会随着业务能力的精进不断增长。今后，她真的准备自己开工作室时，如果没有足够的钱，这份保单就可以作为她的创业初始资金来使用。

我问她："开个工作室大概需要多少钱？"她告诉我大概要10 多万元。于是，我告诉胡小姐："通过保单信用贷款的方式，以您现在的交费情况和资信能力，可以贷出一些钱来，为您的创业提供一些启动资金。"果然，我这么一说，她大为心动。

通过这样的两张保单，既解决了客户重疾、养老的问题，也帮助客户解决了未来创业金筹备的问题，真正做到了让客户从容面对未来。

>>> **10.4 展业心得**

向年轻白领客户销售保险产品，我有四点心得与大家分享。

第一，受收入限制和攒钱习惯的影响，要重点关注他们续期保费的交纳情况，提前给他们发送交费通知，以免出现因为欠费导致的保单失效问题。

第二，保险营销员跟客户成交的第一张保单，不必力求完美，正所谓"有缝隙的地方，阳光才能照进来"，不足额的保单才会有做二次销售和加保的可能，才会有与客户多次见面的理由。客户的保险意识是逐渐培养起来的，要么不买，要买就大概率地会跟你买，只是时间早晚的问题，你要有这个信心。

第三，成交保单以后，服务客户是关键。保险营销员的服务能力有差别，加保、转介绍就会有差别，让你的客户跟随你的整个职业生涯，是一种本事。

第四，培养客户的忠诚度，关键在于你是否有黏度思维。只要具备同理心、责任心和慷慨之心，客户就会对你不离不弃。

第11章　宝妈

本节老师：杜涛

>>> 11.1 认识客户

前段时间，网上流传了一份调查报告，该报告显示，在现代家庭中，消费能力由高到低的家庭成员依次是女人、孩子、狗、男人。抛开狗和男人不提，现代家庭中女人、孩子的消费能力之高是毋庸置疑的。"宝妈"这个群体，兼容女人和孩子这两个角色，因此拥有巨大、持久的消费能力。

有数据显示，2019 年，中国孕妈人群规模为 1445 万人，预计 2021 年分娩的孕妈人群规模为 1563 万人左右。这个庞大的宝妈群体，具有哪些值得我们保险营销员注意的特征呢？

根据艾媒咨询发布的《2020 年中国"95 后"妈妈群体行为习惯洞察报告》（以下简称《报告》），现代女性的生育多集中在 25～29 岁及 30～34 岁这两个年龄段。这也就意味着，从 2021 年开始，将逐渐进入"'95 后'宝妈时代"。下面，我就根据《报告》着重解析、总结一下"95 后"宝妈的群体特点。

"95后"宝妈的四大特点

特点一：自我独立意识强

随着经济的迅速发展，居民收入水平提高，女性的独立意识也在不断增强，她们越来越希望自己能够在家庭生活之外，有自己的生活空间和经济来源。《报告》表明，47.8%的"95后"职场妈妈表示，工作的主要驱动力是兼顾经济和精神，既要给宝宝更好的生活，也要保持自我独立。

这就提示我们保险营销员，面对"95后"宝妈的时候，不要把全部的重心放在宝宝身上，对宝妈也要给予一定的关注，让她们感受到自己被尊重和重视。

2020年中国"95后"职场妈妈工作驱动力调查

经济驱动，希望给宝宝提供更好的生活	39.1%
兼顾经济和精神，既为宝宝也为自我	47.8%
精神驱动，希望保持自我	13.1%

特点二：关注教育与健康

由于生活水平的提高及受教育程度的提升，宝妈们对孩子教育和健康的重视程度越来越高。《报告》显示，"95后"职场妈妈决策的家庭消费领域中，教育消费排在第一位，健康消费排在第二位。这意味着，我们可以从"教育与健康"这两个角度切入话题，进而切入保险产品。

特点三：注重自身形象

"颜值经济"的兴起加速养成了年轻群体对美妆产品的消费习惯，即便是孕期，女性也非常注重自身形象，时刻保持精致美丽。艾媒咨询数据表明，在受访的"95 后"宝妈群体当中，孕期美妆产品高频消费人数占比 6.1%，这个比例虽然不高，但"95 后"宝妈对美妆产品的消费率整体要高于其他代际的妈妈。当然，"95 后"宝妈对美丽的重视程度，不仅体现在孕期使用美妆产品方面，还体现在她们对体型的变化也保持高度关注，超八成受访者在产前就有意识地关注产后体型恢复知识。所以，跟"95 后"宝妈分享一些产后体型恢复的内容和技巧，大概率地能引起她们的兴趣。

特点四：注重品质消费，关注宝宝的同时也关注自己

《报告》显示，2020 年受访的"95 后"宝妈中有 23.5% 的人在生育前就比较注重品质消费，生育后注重品质消费的比例上升至 27.3%。从孕期消费金额分配来看，在"95 后"宝妈群体中，有 48.5% 的人在关注宝宝的同时，也很关注自己的消费，尤其重视消费的品质。

这就要求我们保险营销员在为宝妈客户提供保险服务时，要做到产品优质、服务优质。相对于价格，可能她们更看重你服务的品质。

品质消费型人数比例

| 生育前 | 23.5% |
| 生育后 | 27.3% |

"95后"宝妈

2020年中国"95后"宝妈孕期消费金额分布情况

宝宝消费多	42.4%
自身消费多	9.1%
自身和宝宝相当	48.5%

从感性角度认识宝妈

相对于其他群体，初为人母的宝妈们会更加感性。下面，我们再从感性的角度，看看宝妈们自己的感言，以加深我们对这一群体的感性认知。

【初为人母感言说说】[①]

萱萱妈妈：第一次做母亲，内心忐忑不安却又幸福满满，宝贝你要慢慢长大！初为人母，请原谅我的笨手笨脚，有时也为自己感到骄傲，也知道自己的不足！在未来的日子里，我们一同成长，一起见证这个世界的美好！愿你健康成长！

婷婷妈妈：初为人母，你让我充满了责任感，让我时刻提醒自己要变得越来越坚强，因为我想成为你最坚强的依靠，让你成为一世无忧的天使！感谢上天赐予我一个省心懂事的暖心小棉袄。坐月子是我经历过的最漫长、最煎熬、最绝望的一个月，但为了你，不管有多烦躁，我都会忍一忍，尽量对你充满无限的耐

---

① 资料来源：八宝网，《初为人母的感言说说，初为人母的艰辛与喜悦》。

心！艰难时期感谢能有你的陪伴！亲爱的宝贝，谢谢你选择我做你的妈妈。以后我会好好爱你、疼你。

豆豆妈妈：怀孕十个月，都不算什么，生完才叫苦日子来临……又是一年春暖花开，而我的生活也好像春天般温暖柔软，从前喜欢轰轰烈烈地颠沛流离，现在只想沉浸在这安心又踏实的生活里。这一年我又增添了一个身份，我不仅是女儿、是妻子，也是一个母亲，初为人母的我在懵懵懂懂中努力摸索着如何兼顾这几重身份。亲爱的宝贝，妈妈的心情是喜悦又复杂的，体验了剖宫产伤口的疼痛、涨奶的疼痛、初为人母的喜悦、你嗷嗷待哺时我的不知所措……但不管怎样，妈妈非常感谢你来到我的身边！你是我的宝贝，是我此生最珍贵的礼物，是你让妈妈的生命变得完整而美好！

看了三位宝妈的感言，你对这个群体是否又多了些了解？从宝妈们的字里行间不难看出，她们在这个阶段是非常感性的，既茫然惊慌，又幸福满满。那么，我们怎么从感性入手，促成保单的销售呢？

》》》11.2 展业流程

消费心理学指出，人们在消费的时候，始终受到感性与理性的双重作用。要么是感性主导下的理性消费行为，要么是理性主导下的感性消费行为，并循环发展。

宝妈作为一类典型的人群，一般会先做感性决策，再做理性论证。所以我们在与宝妈客户接触时，要做到感性与理性"共谋"，先进行感性沟通，再做理性分析。

对于宝妈客户，我总结了一套销售思路，我称之为"成交四部曲"，这"四部曲"分别指感性切入、理性分析、激发需求及合理配置。

成交四部曲

感性切入　　理性分析　　激发需求　　合理配置

第一部：感性切入

销售成功的关键因素之一就是信任，而创造信任最简单的方法就是与客户形成共鸣。通过切入感性话题，我们可以快速与宝妈客户建立情感上的共鸣。

1. 分享暖心话语

比如，可以和客户聊一聊关于"我们为什么要生孩子"的话题：

问一下自己，你要孩子是为了什么？传宗接代？养儿防老？看到书里一个很感动的答案说："为了参与一个生命的成长，不用替我充门面，不用为我传宗接代，更不用帮我养老。我只想让这个生命存在，在这个美丽的世界走一遭，让我有机会和她（他）同行一段……"多么美丽的答案啊！

"为什么要生孩子"这个话题，既能聊到"孩子"，也可以聊到"母亲"，对于宝妈客户来说，这是一个很容易打开聊天局面的话题。

2. 从赞美开始

感性话题的切入也可以从赞美开始。我们最先想到的就是赞美宝宝，比如夸一夸宝宝白皙的皮肤、大大的眼睛、秀气的鼻子、饱满的小嘴儿，还有一个赞美的对象，是我们可能会忽略的——宝妈。在"认识客户"部分，我们归纳了宝妈的四大特点，其中有一点是"注重自身形象"，因此称赞宝妈的皮肤、身材、气质好，大概率会让客户心情愉悦。除此之外，从"女性对家庭的付出"这一点切入话题，也容易引起宝妈客户的共鸣。

3. 沟通育儿经验

我们还可以与客户沟通育儿经验，与客户分享相关育儿知识。比如，你可以告诉客户："宝宝年龄小，我们做家长的有时候害怕宝宝抓伤自己，就给宝宝穿袜子、戴手套。这样是不对的，因为 24 小时给宝宝穿袜子、戴手套，孩子手指、脚趾上的神经末梢就无法与物体接触，会导致宝宝感官刺激的缺失。"再比如，跟客户解释："宝宝出生后不一定要用定型枕。因为三个月前的宝宝脊柱呈 C 型，平躺到床上时，脊柱就会呈现平整状态，所以没有任何空间留给枕头。正确的做法是每次喂完奶后，让宝宝左右侧轮换着睡。"

类似这样的育儿知识，很多书籍和网站上都可以找到，我们最好在平时就做好积累。这样与客户交流时，育儿知识讲起来越娴熟，我们保险营销员的形象就会显得越专业。如果平时时间不够，那么在与宝妈客户面谈前"临时抱佛脚"，有意识地去准备一些育儿知识，对展业同样有益。

第二部：理性分析

孩子健康成长，是每个父母最大的愿望。可是父母也只能庇护他们一时，无法陪伴其一生。在孩子的一生当中，大致会面临五种风险：意外风险、健康风险、教育风险、养老风险、抚养风险，这部分内容我会在接下来的案例复盘里进行详细介绍。

面对无处不在的风险，父母只有为孩子准备一份持久坚实的经济后盾，建立周全的保障，才能真正睡得安心。我们可以从以上几个风险角度出发，详细与客户沟通未来孩子可能面临的风险问题及解决方法，引导客户认识到为孩子做好风险保障的重要性。

第三部：激发需求

想要更好地激发客户的风险保障需求，我们可以尝试从下面两点入手。

1. 用数据说话

数据是事实或观察的结果，是对客观事件的逻辑归纳，它是帮助人们做决策最有说服力的工具，也是佐证观点的利器。我这里说的数据，包括人一生的患病概率、儿童重大疾病的发病率、购买保险所需的费用等官方数据或者有关产品的具体信息。我们在引用数据时，要尽量做到兼具完整性和准确性。

2. 善于讲故事

用讲故事的技巧和方式来阐述风险案例，能快速吸引客户的注意力，尤其当这个风险案例与客户本人所存在的风险问题极其相似时，客户会更容易认同和接受你的观点。

综合使用上面的两个沟通要点，可以帮助保险营销员更快地激发宝妈客户的风险保障需求。

第四部：合理配置

为了做到使孩子未来的风险尽量可控，保险营销员不仅要让孩子的父母懂得未雨绸缪的重要性，我们给出的方案，也要尽量做到未雨绸缪，针对孩子在不同成长时期可能面临的不同风险，给出一个综合解决方案。

方案要涵盖多种金融工具，比如教育金储备的方法有强制储蓄、基金定投、年金保险等，销售痕迹不要太重，我们可以为客户逐一分析每种金融工具的优势和劣势，最后为客户提供参考意见，让客户自己来选择。

我们的保险配置还应做到全面覆盖。保险营销员可以通过理念引导，让客户明白每个家庭需要配置的保险通常包含以下三类：重疾险、年金险、终身寿险。

》》》11.3 案例复盘

下面，我就给大家详细复盘我成交的一位宝妈客户的案例，最后的成交结果是 5 张保单——3 张重疾险保单、1 张年金险保单、1 张终身寿险保单。在销售过程中，我用到的就是前面所说的"成交四部曲"，即通过感性沟通与客户形成共鸣，继而带着客户进行理性分析，通过数据、案例等激发客户需求，最终为客户提供包括保单在内的综合解决方案。

客户基本信息

王女士，今年 25 岁，在一家餐饮企业做会计；丈夫李先生今年 32 岁，是一家物业公司的中层管理人员；女儿刚出生，现在 3 个月大。通过了解我发现，王女士和李先生的家庭是典型的中产家庭，收入不错，有房有车，也有闲钱用于理财。

据业务伙伴（保险营销员）介绍，她之前和王女士做过几次沟通，也介绍了相应的保险产品，但王女士一直纠结产品的收益，迟迟未做购买决定，加上孩子出生后照顾孩子也比较繁忙，近期就没有和她沟通保险业务。得到反馈后，我建议业务伙伴转变思路，从孩子的风险保障角度入手，运用"成交四部曲"，与客户沟通。

在这里提醒大家，我们在与客户沟通的过程中，要和业务伙伴做好配合，明确分工。与王女士面谈时，前期的感性沟通由我的业务伙伴来做，一是因为她和客户比较熟悉，二是感性的话题由女性沟通更为合适。

做足准备工作后，我们便与客户预约了见面时间。

感性切入

面谈当天，王女士在家中接待了我们，还特意将宝宝抱过来和我们打了招呼。我和业务伙伴顺势夸起宝宝来："瞧，小家伙多可爱，笑起来真好看；小宝贝儿和您长得真像，尤其是这一笑，简直一模一样；看小家伙的大耳朵，长大肯定有出息……"几句简单的赞美，让客户心情愉悦，主动聊起了为人母的感受，分享了宝宝从出生到现在的变化。继而，我们向客户介绍了未来几个月的育儿经验。

现在宝宝 3 个月，可以陪宝宝发 a、e 等元音，并开始用黑白卡训练宝宝的追视能力。等到第 4 个月，教宝宝游泳可以提高智力，也可以开始训练宝宝用手抓东西。第 5 个月开始添加辅食，第 1 勺以对宝宝肠胃没有任何负担的米粉开始，第 1 天只喂两勺，第 2、3 天可以加至两三勺，往后慢慢增加。第 6 个月，宝宝开始有脾气，这时候您不要纵容他，要让宝宝自己安静下来，您再去引导；此时，可以开始给宝宝吃一些水果泥，像苹果、香蕉、牛油果、雪梨、橙子之类，都是不错的选择。

客户听了非常受用，把宝宝交给外婆带，特意找纸笔记下来。

紧接着，业务伙伴称赞王女士产后恢复得好，与她聊起了女性，尤其是职场女性生孩子的不易、对家庭的付出等。经过十几分钟的沟通，我们与客户达成了情感上的共鸣，聊了聊宝妈的幸福与艰辛。

理性分析

接下来的理性分析部分，我们开始为客户分析孩子未来可能面临的风险，包括意外风险、健康风险、教育风险、养老风险、抚养风险等。结合客户的实际情况，我们主要为客户分析了孩子未来可能面临的 3 类风险。

健康风险：为孩子提供保障是父母的责任

子女是大多数家庭的感情寄托，对于未知的将来，有些风险是父母可以给予庇护的，有些风险则需要借助保险来提前筹划。

世界卫生组织相关资料显示，近年来，儿童重疾发病率在不断提高，同时，由于少儿身体机能发育不完善、抵御疾病侵蚀的能力较弱，疾病保障对孩子而言刻不容缓。

数据表明，全球每年约有 40 万名 0~19 岁儿童和青少年被诊断患有癌症。儿童癌症中最为常见的是白血病，其次为脑癌、淋巴瘤和实体瘤，有部分肿瘤发生在 9 岁之前的婴幼儿时期。[1]2018年权威医学杂志《柳叶刀》发布了首份评估儿童和青少年癌症的全球疾病负担报告，报告显示，儿童癌症已经成为全球第六大癌症负担，其中中国的儿童癌症负担高居第二。

可以说，疾病不再是意外，而是每一个人必须提前规划和准备的生活成本。

---

① 数据来源：世界卫生组织发布的文章《儿童癌症》。

重大疾病的治疗费用少则需要二三十万元，多则上百万元，一旦患病，漫长的治疗和康复周期是必然要面对的。对于当下的年轻父母，在各种经济重压之下，儿童重疾给家庭造成的经济冲击往往也是无法估量的。

重大疾病保险不但能够确保"有钱治病"，还能补偿一系列的"隐性花费"。例如，孩子生病后，父母不得不放弃工作专心照顾孩子，足额的重疾保障可以作为父母经济收入损失的补偿。孩子出生 28 天之后就可以购买重疾险，年龄小，费率相对较低，有足够的价格优势，越早买，享受保障的时间也会越长。重疾保障是否充足，对于孩子患病能否及时、有效治愈，是很重要的影响因素之一，至少万一发生风险，我们不用为钱而发愁。

和客户沟通后，客户的保险理念基本打通，为了增加购买的紧迫性，我们和客户讲解了"规划要趁早"的意义。

1. 与年龄有关：保费支出少

影响保费费率的其中一个因素是年龄，购买同样的保障时，投保年龄越小，所需的费用就越少；投保年龄越大，所需的费用就越多。

2. 与时间有关：保障时间长

现在很多寿险都属于长期甚至终身保障的，一经投保就可以享受保障利益，投保的年龄越小，所享受的保障时间就越长。

3. 与通胀有关：缩减通胀成本

随着社会经济的发展，物价不断上涨，消费水平也会随之提高，保险公司不可能长期保留原费率产品在市场上运营，这样就出现了保险产品不断更新换代，每一款产品在上市一段时间后就会停售，一般来说，替代产品会比之前的产品费率更高。

4. 与核保有关：不让保险挑你

年轻人的身体大都比较健康，在一定保额内不需要体检即可投保，即使体检也很容易通过核保。年纪大的人，一般就会要求体检，一旦检查出身体状况有问题，就很可能被要求加费承保，甚至可能被拒保。

5. 与风险有关：明天和风险谁先到

风险无处不在，我们永远无法知道明天和风险哪个先到，所以及早做好准备能帮助我们从容应对风险。

此外，在配置保单时，不要忽略"险"中"险"——投保人豁免，即当投保人患有重疾，或者是因意外导致全残或身故的，剩余保费可豁免。未成年子女作为被保险人没有交纳保费的能力，在交费期间，一旦投保人发生事故，孩子的保费就可以得到豁免，保险合同也继续有效，我们的爱也能陪伴孩子走得更远。

教育风险：为孩子撑起一片天，不输在起跑线

随着市场化程度不断提升，市场对于优质人才的需求也在提高，每个家庭都面临着子女教育的问题。父母都希望孩子能接受良好的教育，提高自身的本领，适应市场的需求，为他们将来的美好生活打下基础。

根据相关媒体报告，从目前中国城市的消费水平来看，在北京、上海、深圳等一线城市，养育一个孩子的花费已超百万元，其中教育开支高达80%。尤其是近年来，各种教育费用不断增加，制订合理的教育理财计划，为子女积累未来的教育资金显得越来越重要。

通常情况下，我们用"教育负担比"这一概念来衡量教育开支对家庭的影响。

教育负担比＝届时的子女教育费用／家庭届时的税后收入 ×100%

如果预计教育负担比高于 30%，就应该尽早做好资金准备。那么，教育金如何提前做好规划？规划教育金的工具有哪些呢？

工具一：银行储蓄

银行储蓄是常见的一种存储教育金的方法，但是存在银行里的钱永远是流动的，不确定什么时候什么原因就被花掉了，可能是今天这个朋友借点，明天那个亲戚有事，抑或是自己有个项目想投资，买个房，换个车……这些不确定的因素都可能会影响你为孩子留下的专项基金。而且在现在的经济环境下，银行储蓄的利率较低，所以如果所存的金额不够多的话，这笔存款数额与原本为孩子设定的教育金数额很有可能会差上一大截。

工具二：教育基金定投

第二种方式是教育基金定投，这一投资方式可以平摊投资成本，降低整体风险。它有自动逢低加码、逢高减码的功能，无论市场价格如何变化，平均成本都会相对比较低。

基金定投作为一种投资方式，也具有一定风险：第一，市场风险。当发生金融危机时，所有的投资人所持有的投资资产的价值必然会受到负面影响。第二，时间风险。因为定投是定在某一个时间点进行投资的，有可能就在那个时间点行情并不尽如人意。第三，钝化风险。基金定投通常要求投资者具有很强的计划性，但是市场上一些人通常很难遵循一开始的计划，反而随着市场波动追涨杀跌，尤其在市场低迷时停止加仓，这也是导致后期风险分散效应、成本分散效应不明显的主要原因。[①]

工具三：保险

还有一种方式就是通过购买保险来实现。相比单纯的存钱，保险要多一重保障。作为教育投资，一张保单便可以贯穿孩子的整个教育阶段，小学、初中、高中、大学……而且还能够抵御通货膨胀，帮助父母应对教育成本不断增加所带来的压力。

为了加深客户对子女教育规划必要性的认识，我们总结了子女教育规划的四大特点：

（1）责任规划。这个世界上，没有人比你更需要对你的孩子负责，存多少是能力问题，存不存是态度问题。

（2）长期规划。孩子是一天一天长大的，不是瞬间长大的，孩子需要的是一笔现金流，而不是一笔现金。

（3）刚性需求。孩子花钱的时间是固定的，所以存钱越早越好，因为存钱越早，压力越小，收益越高，未来越有保障。

（4）大额需求。现在存多少，取决于未来花多少，您算算孩子上大学需要多少钱？上完大学马上就要面临找工作、买房子、结婚……样样都是大额开销，既然花钱都是大额的，存钱一定越多越好。

抚养风险：监护人丧失了抚养能力怎么办

在家庭规划保单配置时，父母总是倾向于把更多的预算留

---

① 资料来源：中欧国际工商学院，《以定投基金的方式为孩子储存大学教育全靠谱吗？》。

给孩子，给孩子花钱买重疾险、买教育险，却忽略了对自己的保障。其实父母才是孩子最大的保障，应优先配置父母的保障方案。

试想一下，给孩子配置完保障，作为父母的自己却什么都没有，万一不幸患上重疾或发生意外，需要高额医疗费用，最后可能孩子的保费交纳甚至奶粉钱都成了问题。如果父母有了保障，即便发生意外，孩子也可以得到高额保险金赔偿，有了继续生存和接受良好教育的资本。

因此，作为监护人的父母最好先把自己的风险保障配置周全。根据自身的健康情况，尽量配置好重疾险、终身寿险这类基础保障型险种，以确保无论父母哪一方收入能力受损或者离开，孩子的成长路上都会有充足的经济来源。

激发需求

其实前两个阶段——感性切入和理性分析，都是为了激发客户购买保险的需求。在这一步，更多的是强调成交所需的"临门一脚"。此时，为了快速促成保单、提升件均保费，我们还利用了从众心理。

什么是从众心理呢？比如我们要去吃饭，此时有两家饭店摆在我们面前，其中一家饭店门庭若市，人非常多，另一家饭店装修得也不错，却没有人去吃饭，你会选择哪家呢？调查显示，80% 的人会选择人多的这家饭店，即使需要等位。

为什么口口声声说"不走寻常路"的我们，却总是被大众所影响呢？这一切都源于从众心理，即在人们的潜意识里，会以多数人的印象为准则做出判断，也就是我们经常说的"随大流"。

作为保险营销员，我们应该如何利用从众心理，让客户选择我们的产品呢？

销售记录利用法

养成对自己成交的保单做记录的好习惯，或者利用公司微信公众号、App 查询你的成交记录，引发客户的"从众反应"。

例如："事实胜于雄辩，您看，这是我一个月的成交记录，这么多客户选择购买了我们这款产品。"

真实案例法

讲道理，不如讲故事，讲一个与客户现状问题类似的真实案例。当然，如果是你接待过的客户的案例就更好了。

例如："您认识李女士吗？也是这个小区的。他们家的情况跟您一样，宝宝刚出生 3 个月，也是为孩子购买了这款年金保险，每年交费 10 万元。"

产品展示法

提前拍一些产品保单照片展示给客户，或者带着自己购买过的保险合同展示给客户，然后告诉客户："这些是最近几天我们签约的客户保单，近期会陆续送达。您看这是我自己购买的保单，也是给孩子买的这款产品，每年交费 10 万元。我接触过很多保险产品，如果不好，我自己肯定不会买。"

合理配置保险产品

通过与客户深入沟通，最后我们的保单落地情况具体如下：

序号	产品类型	投保人	被保险人	身故受益人
1	重疾险	王女士	王女士	王女士的丈夫
2	重疾险	王女士	王女士的丈夫	王女士
3	重疾险	王女士	王女士的女儿	王女士
4	年金险	王女士	王女士的女儿	王女士
5	终身寿险	王女士	王女士	王女士的女儿

在这 5 张保单中，有以下四点重要的配置意见。

提醒客户附加投保人豁免功能

投保人豁免，即合同期内，如果投保人发生意外或者因故丧失交费能力，可以不必再交保费，被保险人的保障依然有效。

搭配百万医疗险

可以为客户搭配现在市场上常见的百万医疗类产品作为社保的补充，因为这类产品的报销范围相对于社保更加宽泛，药品的选择也更加自由。

加入万能账户

在年金险保单架构中可以根据客户的自身情况加入万能账户，这样在子女未成年时，每年返还的生存金进入万能账户，可由王女士支配。

增额终身寿险

目前市面上大部分终身寿险为增额终身寿险，这种架构设计能让王女士终身享有保单掌控权，遇到紧急情况用钱时，既可以用保单贷款灵活支取，也可以通过减保获取资金。传承方面，这种工具也可以帮助客户绕过继承权公证难关和遗产管理人制度，受益人只需携带身份证、保单、银行卡和相关证明便可迅速获得理赔金。此外，保险赔款还具有免税、避免离婚分割等优势。

▶▶▶ 11.4 展业心得

与宝妈客户沟通，我有四点心得与大家分享。

第一，从孩子的角度入手。以寒暄赞美开场，打开客户心扉，通过育儿等话题与客户快速建立情感共鸣。继而转到理性分析，共同讨论孩子一生可能遇到的风险：意外风险、健康风险、教育风险、养老风险、抚养风险等。在沟通过程中着重强调孩子的抚养风险，即优先为父母配置基础保障，再解决孩子的健康风险以及教育风险，并充分阐释"越早购买越好，保额越大越好，保证专款专用"的理念。

第二，沟通过程中要注重感性与理性的结合。宝妈一般都是非常感性的，尤其是面对孩子的问题时。所以在跟宝妈沟通时，要善用感性的沟通方式，与她们达成情感上的共鸣，之后再用理性的数据和分析，给她们一个购买的理由。

第三，沟通中巧妙利用官方数据及新闻热点作为论据。比如，人一生的患病概率，将要用到的费用，目前教育开支现状，什么是教育负担比……我们最好带着客户一起算一笔账，算着算着她就明白保险保障的重要性了。

第四，在面谈之前一定要做足准备，针对客户孩子的年龄阶段做好功课，尽可能多地准备相关知识，以便为客户提出可供参考建议。前期铺垫越到位，后期成交越容易。

第12章　中年男性

本节老师：启东

>>> 12.1　认识客户

　　在人生的诸多阶段中，中年无疑最为煎熬。无论是在大社会里，还是在小家庭里，人到中年后都会面临角色上的转变，需要承担更多的责任，成为社会和家庭的中流砥柱。社会的角色期待，要求中年男性在事业上有所成就，而在我们以家庭为本位的文化语境中，对家庭的经营状况也是衡量一个人扮演中年人角色是否成功的重要标准。尽管家庭经营状况事实上取决于"两个中年人"，但按照一般的价值判断，我们往往会更加瞩目"中年男性"。所以说，在我们的社会里，做人难，做中年人难，做中年男性更难。

　　上海辞书出版社《大辞海（心理学卷）》中是这样定义"中年人"的：年龄在35岁左右至60岁前后，是心理功能继续发展、生理功能逐渐衰退的转折期。心理上，生活目标明确，看法现实，具备应付紧张环境和复杂事件的经验和策略，对自身价值

观和自控能力持肯定态度，能计划性地构建生活、较协调地处理
人际关系，社会性和情感的多数指标趋于稳定，开始面对婚姻和
家庭两大任务。

不言而喻，这只是对中年状态的一种理想化描述。在现实生
活中我们可以看到，中年人往往并不像辞书中所说的这么体面，
在重重生活压力下，他们东奔西忙，甚至有些狼狈。中年男性尤
其如此。一说到中年男性，我们总是会联想到谢顶、啤酒肚、保
温杯、枸杞水、发福的身材、顽固保守的性格、难以应对的中年
危机……加上近些年舆论渲染，中年男性仿佛成了脆弱和狼狈的
代名词。中年男性在描述自己的生活状态时，也总是喜欢自嘲或
者无奈地给自己贴上负面的标签。

尽管辞书的描述和现实情况有出入，但它至少为我们了解中
年男性提供了一个方向性的指引——认识中年男性群体，需要从
生理和心理两方面的特点出发，同时要考虑到其社会角色对他们
的影响。

本章之所以选择分析中年男性这个宽泛的群体，一是为了帮
助保险营销员在对客户信息掌握比较少的时候，找到相对准确的
保险话题切入点；二是因为抛开媒体滤镜之后，我们可以发现，
中年男性群体确实有明显的、独特的思维模式和行为模式，把握
这些模式可以帮助保险营销员更好地销售保险；三是由于人在家
庭、工作、社会中担任着不同的角色（比如一个人到中年的企业
家），认识其不同身份的不同特点，有利于保险营销员更全面、
更精准地找到客户的真实需求，促成保单。

下面，我们就来认识一下中年男性客户的特点，以及我们与
这一群体的沟通要点。

中年男性客户的四大特点

结合我个人与中年男性客户接触的经验，以及这一群体存在的共性，我总结了中年男性客户的四大特点。但我要强调的是，中年是一个年龄跨度比较大的时期，虽然这个时期的男性客户有很多共性，但是我们也不能将其作为判断客户需求唯一的依据，在实务中，保险营销员一定要结合客户本身的情况做更细致的分析，重视不同客户之间的细微差别。

特点一：身体机能衰退明显

人体的发育和衰退是一个不可逆的过程，中年则是发育与衰退的分水岭。人到中年之后，会明显地感觉到身体老化的速度加快，对于中年男性来说，身体最为明显的变化就是发福。相关数据显示，即使在保持良好饮食习惯的前提下，依然有80%的中年男性在40岁时体重会明显增加，在40～50岁，他们的平均体脂率甚至会高达30%，而健康男性的体脂率一般不高于20%。从生物学的角度解释，这是因为与青年期相比，男性40岁以后脂肪燃烧的速率会相应降低，随着躯干和四肢肌肉萎缩，大量脂肪囤积在了腹部，再加上缺乏运动、代谢变慢，想不变得大腹便便都难。

与走样的身材相伴而来的，是巨大的健康隐患。医学数据显示，中青年体重每增加10斤，老年时罹患糖尿病的风险就会增加30%，高血压病的风险会增加14%，心血管病的风险会增加8%，与肥胖相关的癌症风险会增加6%。

因此，我们与中年男性客户接触时，不妨从预防健康风险的角度切入保险话题。

特点二：认知更成熟、理性

有人认为，人到中年，就意味着等待步入老年；也有人认为，中年人的大脑不如年轻人灵活，开始变得顽固。但学者们的研究表明，人的认知能力在 20 岁时开始增加，到 40 岁左右达到顶峰，之后的 20 多年里变化不大，直到 60 岁左右认知能力才开始下滑。也就是说，中年时期，人的认知能力正处于最佳状态，在观察、理解和思考方面都有着优于其他时期的表现，思想更深入，情绪更稳定，意志也更坚定。比如，对待新变化，中年人会表现得更加谨慎、稳重，有全方位的考量，不再"冒险进攻"；在社交方面，他们也不再热衷于与陌生人交往，而是积极地与特定的一小部分人接触，从以资源获取导向的社交转向情感联结的社交上。这一时期的男性，在认知上会表现得更为理性。所以保险营销员在与他们沟通的时候，需要平衡好"摆事实，讲道理"与感性沟通。

特点三：社会角色转变，心理压力较大

在发展心理学中有一个经典的"人生八阶段"理论，由美国著名的发展心理学家和精神分析学家爱利克·埃里克森提出。埃里克森认为，人的自我意识的形成和发展过程可以划分为八个阶段，其中，18～25 岁是以建立亲密关系为课题的人生阶段；25～50 岁这一时期，人们开始生育孩子、承担社会工作，是一个人对下一代的关心和创造力最旺盛的时期。在畅销书《中年的意义》中，作者班布里基提到的"中年时期处于亲本投资①阶段"，同样表达的是中年人对下一代养育问题的关注。这些都说明人到中年后，社会角色会发生明显的转变，思维模式也会随之有所调整。

当然，与社会角色的转变伴随而来的，除了幸福感，还有沉甸甸的压力。这种压力，一方面源于家庭，很多男性作为家庭的经济支柱，担负着一家几口人的生计；另一方面则源于工作，以及由工作负重过多带来的一系列健康隐患。

特点四：财富积累速度达到最高点

综艺节目《奇葩说》当中有位参赛选手说过这样一句话："中年男士经常在高铁上谈论几个亿的生意，搞得小孩以为挣钱就像打雷一样是一种自然现象。"话虽然是玩笑话，挣钱并没有小孩子以为得那么容易，但中年时期确实是一生中财富积累速度最快的时期。

人在年轻时基本上都是理想主义者，对未来充满信心。步入中年后，虽然往往会在现实的打磨下变得更加沉稳，抛弃不切实际的幻想，但青春的热情还留有余温，而老年的淡泊此时还未到来，所以我们在这个阶段既有做好事业的愿望和激情，又对现实有清醒的认知，做事审慎。从工作能力上讲，经过青春期的磨炼，人到中年后，差不多都会积累丰富的工作经验和工作技术，冷静成熟，自控力、计划能力和心理调适能力都比年轻时更强，

---

① 亲本投资：《逻辑思维：认知篇》提到，从动物学家的角度看，中年之后的人是在为自己的孩子进行投资。生物学家把这种代与代之间的投资现象称作"亲本投资"。人类亲本投资的复杂程度远远超过其他动物，自然选择要求我们必须停止生育，把精力留在照顾后代上。

做事的成功率也就更高。从积累效应来讲，中年人往往已经积累了一定的社会资源，有了一定的立足之本。所以相比青年期和老年期，这个时期的财富积累速度是最快的。我们在保险销售中经常画的草帽图，也形象地说明了这个特点。

草帽图

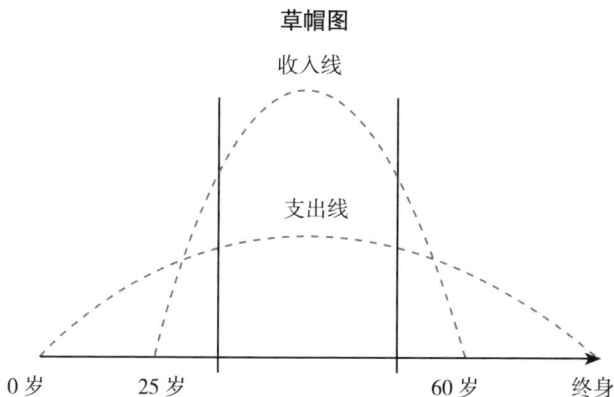

与中年男性客户沟通的要点

与中年男性沟通保险，不能以我们习惯的思维方式展开，而是要以贴合这一客户群体思维的方式去销售保险产品。这里我给大家提供三个沟通要点。

要点一：与客户不熟悉的时候，不要过多询问对方的隐私，或者唐突地探询客户当下的困境

男性一般不愿意向他人求助，面临压力的时候会选择独处，即便对亲近的朋友，也不会做出"自揭伤疤"的行为。所以，保险营销员与客户初次接触时，不要过多地询问对方的隐私，更不要在还不熟悉的情况下就探询对方的困境。

与中年男性客户沟通，一般需要更长时间的了解，我们不妨与客户多进行几次谈话。此外，为了避免使客户产生不舒服的感觉，我们最好对客户 KYC 信息范围进行压缩，只挑其中的重点去做沟通，而且要保持客观的态度。

要点二：利用问题和案例引导客户思考

在实务中，比起喋喋不休地告诉客户该如何去做，不如利用问题和案例来引导客户自己思考，给足客户思考的时间和空间。

要点三：注重逻辑，适当添加感性的成分

在分析客户需求、与客户面谈时，要注重逻辑，因为中年男性是一个认知比较理性的群体。想方设法从情感上打动他，激发他的购买意愿，大概率只会让对方反感，甚至产生"你就是想忽悠我"的防御心态。当然，这不意味着谈话必须是绝对理性的，我们可以在沟通中适当添加感性的成分，比如从男性承担的家庭及社会责任入手，引起客户的共鸣，但这种内容一定不能过多。

>>> 12.2 展业流程

在展业流程部分，我总结了向中年男性客户销售保险时，我常用的展业方法——PDCA 循环法，以及与客户沟通的两个要点。

PDCA循环法

PDCA 这个术语来源于管理学，原本是以改善产品质量为目的设计的一种管理手段。在现实生活中，它不仅在企业业务经营、项目管理等各个方面发挥着巨大的作用，其逻辑还可以用于销售管理。下面，我就来详细解释这四个字母的意思。

P（PLAN，计划）

在与客户面谈之前，我们先要对面谈的内容有所计划。俗话说"谋定而后动"，预先做好周密的计划是非常重要的。

对于我们主动邀约面谈的客户，我们往往有比较充足的准备时间，这意味着保险营销员可以提前对面谈内容进行准备、梳理。在实务中，我比较习惯用思维导图来梳理面谈逻辑，包括讲解顺序、提出的问题、引用的案例，并准备好相应的材料。

为什么我建议采用思维导图来梳理面谈逻辑呢？因为一次好的销售沟通，全程需要脑力配合，还需要眼到、心到、嘴到、手到，也就是要随时观察客户的状态，思考需要沟通的内容及表述方式，还要借助纸笔进行内容的呈现。

所以，我们在做计划的时候，最好能够在纸上简单写一写需要沟通的要点，以及这些要点的论据、问题、案例，再将它们整理成一张或多张思维导图。这样一来，要跟客户说什么、什么时候说、应该怎么说就会一目了然。即便现场沟通情况发生变化，需要对谈话做顺序上的调整，或者增减沟通要点，也不会影响整个谈话的完整性和逻辑上的连贯性。对于偏理性的中年男性客户来说，这是贴合其思维习惯的沟通方式。

当然，有的时候，我们没有太多时间提前制订沟通计划。比如，在银保渠道中，向来银行办理理财业务的客户介绍保险；在个险渠道中，突然接到一位客户的朋友（转介绍）的电话，说想了解一下保险；还有你约谈的客户带了位朋友或者带着另一半一起来了解，但是没有提前打招呼……以上这些情况其实很常见，但这个时候，我们自己往往都没有意识到——我们依然需要沟通计划。

面对这些突发的情况，我们该如何快速制订沟通计划呢？

第一，我们一定要有这种意识：与客户谈话不能想到哪儿讲到哪儿，而是要思考该讲什么、怎么讲。也就是说，即便保险营销员没有很多或者几乎没有时间做内容的计划和准备，也要告诫自己，不可"脚踩西瓜皮，滑到哪儿算哪儿"。

第二，利用好可利用的时间。刚开始与客户沟通时，我们需要先了解对方的基本情况和想法，而客户讲述的这段时间，就是我们梳理沟通要点的时间。

第三，最好能够拿张纸，用思维导图的形式，记录客户说了什么要点，并针对这个要点思考我们准备讲哪些内容，想进一步了解哪些情况。当然，记录要点的先后顺序，可能和我们要反馈的重点顺序不同，在谈话中随时调整即可。

通过画思维导图，我们可以清晰地看到自己要讲解的要点（讲什么），以及这些要点下要怎么展开（怎么讲），在沟通的过程中，我们还可以不断地扩充思维导图的边界，把任何你认为有必要提及的内容加上去。这样，即便没有很长的时间去做内容上的准备，我们也能保证与客户的沟通尽可能地清晰、全面。

思维导图

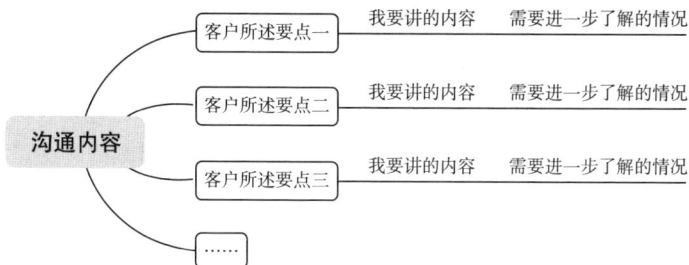

D（DO，实施）、C（CHECK，验证）、A（ADJUST，调整）

后面这三个环节我们放到一起讲，因为在与客户面谈时，这三个环节是穿插进行的。

（1）D（DO，实施）：有了计划，接下来就要执行。整个执行过程实际上也是对计划进行验证的过程。也就是说，我们用思维导图上梳理的沟通逻辑与客户面谈的过程，实质上也是一个对面谈逻辑进行验证的过程。所以除了说，我们还要重视听。

（2）C（CHECK，验证）：验证的方式是观察客户对沟通内容的反馈。这种反馈，有的存在于语言内容当中，有的隐含在语言内容背后，比如对方的行为表现、语音语调及停顿等。此外，我们还要多用提问或者复述等方法进行确认，来了解客户的真正所想。

（3）A（ADJUST，调整）：在与客户沟通的过程中，我们需要根据实际情况调整沟通内容与沟通策略，不断扩大沟通范围及深度，最终找到促成成交的抓手。

对于PDCA循环，我们在单次面谈中需要用到，在对客户的长期跟进中也要用到。在整个循环中，我们需要注意以下几个方面：

（1）计划是非常重要的，计划中整理出来的沟通要点，是需要通过面谈进行确认的。

（2）通过执行、验证、调整，不断深化与挖掘客户的需求。

（3）一次面谈之后要进行复盘，这是下次面谈计划的起点。

销售保险的两大原则

原则一："靠问不靠猜"

做客户画像最重要的一个目的，就是模型化、公式化地为我们提供一些预判的要点，只有了解了更丰富的信息，我们才能对客户形成更加精准的判断。不管我们考虑得有多深入、多全面，也都只是预判，如果不与客户进行深入沟通，反复确认，这些预判就是站不住脚的。有时候，哪怕客户的需求已经十分明确了，我们依然需要从很多维度再做试探。

所以，向客户销售保险的关键在于"靠问不靠猜"，但提问也是有技巧的。很多有经验的保险营销员，对于主动了解保险的客户会问"您为什么要买保险"，对于被动听我们讲完保险的客户则会确认"刚才我讲的这些内容，哪点您更感兴趣"，这样一方面是为了更好地了解客户的需求，另一方面也是想通过让客户主动确认的方式，来强化客户购买保险的意愿。

不过有些时候，由于客户对于保险的认知程度不深，或者未意识到自己的实际需求，因而就需要保险营销员加以引导，帮助其挖掘真实的需求。这样做的好处，一来是能够找到客户购买保险的深层动机，二来是通过发掘客户的需求，促成更大额度的保单的签订。

在这里，我举一个令我印象非常深刻的例子。我的一个转介
绍客户，由于受周围朋友的影响准备买保险，于是直接打电话过
来和我了解重疾险产品。他在电话中言之凿凿地要购买重疾险，
并且询问了很多关于这个产品的信息。但是在电话交流中，我发
现他对重疾险的需求，其实是源于对自己未来生活的焦虑，特别
是退休后生活的焦虑。结合这位客户的真实需求，我为他细致讲
解了有关养老金准备的保险产品规划方案，最终促成了养老年金
险的销售。

原则二："三个抓手、一个核心"

一般情况下，无论是与客户面谈前制订沟通计划，还是临时
与客户沟通时制订即时计划，我们都应该找到"三个抓手"，并
且在其中找到"一个核心"。在遵循这个原则的时候，需要注意
以下几个问题：

第一，集中精力挖掘客户的一个核心需求。有的时候找到一
个需求就足够了，但也有很多时候，仅有对一个需求的把握会有
些单薄，我们需要根据客户的实际情况随机应变。

第二，如果要点太多，过于分散，不仅我们自己没有那么多
时间和精力样样展开，也会让客户的精力过于分散。所以，准备
三个沟通要点最为适合。如果还有其他要点需要沟通，完全可以
再向客户邀约一次。

第三，这个原则建立在大量试探性沟通的基础上，我们可以
蜻蜓点水地讲关于保险的很多特点，再从客户对这些特点的反馈
当中，找到客户最关注的抓手。

≫≫≫ 12.3 案例复盘

在案例复盘部分，我将与大家分享我与两位中年男性客户成交保单的过程。我之所以能够与客户签单，运用的就是我在展业流程中提到的 PDCA 循环法。通过这两个案例，希望能够帮助保险营销员进一步了解与此类客户沟通保险的方法和要点。

案例一：50岁中年男性

基本情况

吴先生，50 岁，已婚并有一个儿子。吴先生依靠收取房租就可以保证全家人衣食无忧，加之房地产过往的持续增长，强化了他对房产投资的认可。除此之外，他还有一定的基金投资。

PLAN——面谈前的计划

像我在展业流程中说到的，PDCA 循环法的第一步是PLAN——做计划。因此，我在面谈前先用思维导图罗列出了与吴先生沟通的要点。

经过我的初步判断，沟通保险时，客户可能会认为与投资房产的收益相比，配置保险产品没有什么吸引力。为了打破这个僵局，我尝试从以下几个角度进行沟通。

思维导图

房产投资 VS 购买保险

- 与客户探讨房产投资情况
  - 一方面要做好对目前房产投资市场情况的调查，另一方面以请教的姿态听听客户对房产投资的预期
  - 目的是让客户认可房产投资已经过了高速增长期，全国的房价出现了较大的分化，未来有很多不确定因素，特别是政策层面
- 一切事物有利就有弊
  - 如房屋的日常维护问题，且多套房屋出租，一年累计下来事情也不少
- 空租期问题
  - 家庭日常流水很大程度依靠房租，一旦有特殊情况，出现空租期，会对家庭收入造成一定的影响
- 遗产税、房产传承
  - 未来中国很可能征收遗产税；孩子继承房产时可能面临较高的继承成本

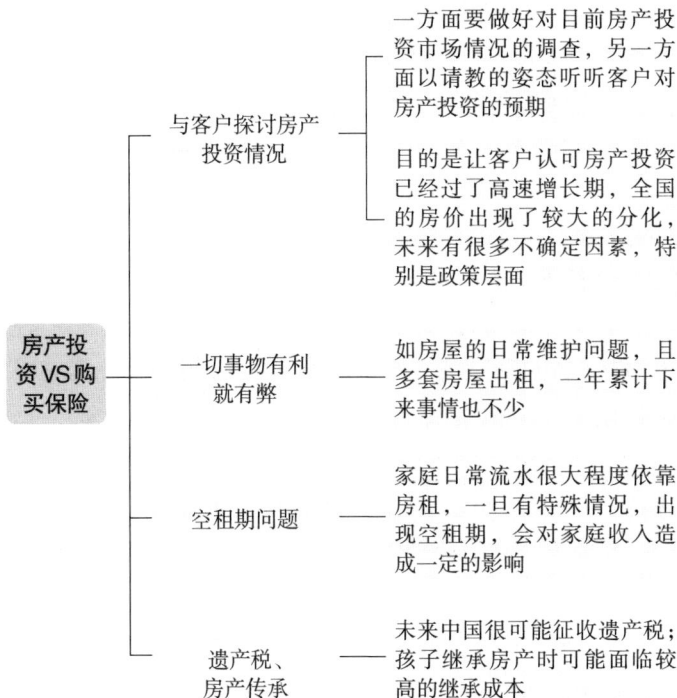

　　第一点，从客户的兴趣点——房产投资出发，虽然客户可能会认可未来房地产的不确定性，但在很大概率上，他依然会觉得房地产是当下最靠谱的投资。第二点中提出的这些小问题并不是重点，却是一个从房产切入保险的破题口，能够引导客户去思考房产投资带来的问题，认识到随着年龄的增长，这些小事会让客户觉得很麻烦。第三点的目的是让客户意识到不要把鸡蛋放进同一个篮子，进行不同种类资产配置的重要性，因为这个年龄段的

客户在投资行为中很重视安全性和便捷性。第四点，客户已经50岁了，他很可能会开始思考财富传承的问题，因此房产传承中不确定因素可能带来的风险和损失，也是一个打破客户认为房产投资最靠谱的固有印象的切入点。

那么，我为什么要这样设置与客户面谈的沟通要点呢？

（1）对于长期依靠房租收入就已经过得不错的家庭来说，要想立即转变其对房产的态度几乎不可能，也没有任何意义。但是从客户擅长的领域——房产投资进行沟通，比较容易开启话题，而且我们以请教的姿态与他交流关于房产投资的想法，容易让对方产生被尊重和认同的感觉。我们前面提到，中年男性的认知偏理性，直接与客户交流他们感兴趣的专业问题，更容易被客户接纳。

（2）整个沟通内容有较强的逻辑性。从问题入手引导客户进行思考，并给出几个思考点，比如大众熟悉的"不要把鸡蛋都放在同一个篮子里"的资产配置问题，比如随着年龄越来越大，是否还需要操心房屋出租的问题。要记住，光为客户讲解是远远不够的，促使客户自己思考、说服自己，成交保单才会顺利。

（3）客户的年龄适合去思考传承的问题。从传承出发，我们就可以进一步剖析房产传承与房产税的问题，在后续与客户的实际沟通中，我发现这一点是客户最关心的问题。

有了明确的沟通逻辑，我们还要预先根据客户可能有的需求，为其配置保险产品。针对吴先生可能存在的需求，我决定以"增额终身寿险"为目标，从其增值确定、终身成长、操作简单、应急迅速等多角度的特点入手，帮助客户认识这个保险产品的优势。

DO、CHECK、ADJUST——面谈过程

带着准备好的思维导图和相关资料，我准时前往与吴先生约好的地点。

刚见面，我们互相做了自我介绍，紧接着我将话题切入房产投资领域，和吴先生畅谈了当下房产市场的情况，并提到目前房产投资存在的一些问题，比如政策调控、房价分化、房产继承，包括思维导图中提到的多套房的出租、空租期问题。经过询问吴先生的看法，我发现他确实很关心这些问题，但是并没有什么好的应对方法。

此外，我还发现他对财产传承比较关注，所以遗产税的出台可能会带来的问题，成为我们沟通的重点，也就是我在展业流程中提到的"一个核心"，为此我们交流了遗产税的趋势及一些有遗产税的国家的案例。

与客户在房产投资存在的问题上达成一致，并帮助客户认识遗产税之后，我开始试探客户是否有配置一定比例的其他类型资产的想法，比如可以长期确定增长（不受政策影响）、能确保现金流（避免特殊情况空租或急用）、不受遗产税影响、操作简单的资产。很自然地，客户表示对此感兴趣，想要了解一下。

接下来，我就以长期确定增长、确保现金流、操作简单这三个特点为"抓手"，不受遗产税影响为"核心"，将保险产品成功带到客户面前。

最后客户还问到，孩子获得的保险理赔款需不需要交个人所得税。我明确告诉吴先生，《中华人民共和国个人所得税法》第四条明确规定，保险理赔款是不在个人所得税的征收范围内的。

至此，客户彻底放心了，表示愿意购买保险产品。最终我与

客户成交了一张期交 100 万元的增额终身寿险。

案例二：37岁中年男性

这个案例非常简单，但是对我很有启发，所以我想分享给大家。

客户张先生，37 岁，企业高管，未婚。他是我长期跟进的一位客户，我们的关系很不错，而且他之前已经在我这里购买过重疾险。

与张先生沟通之前，我计划给他推荐一款增额终身寿险，但因为没有找到特别合适的抓手，所以我准备先从增额终身寿险最基础的几个特点聊一聊，比如长期稳定、安全可靠、使用灵活等，等与他深入沟通后再做调整。

没想到一次沟通过后，张先生就与我签单，购买了一张 50 万元的期交增额终身寿险保单。在询问购买感受时，他告诉我，最打动他的一点就是"操作方便"，其次是"长期稳定增值"。张先生平时工作很忙，购险的这笔钱既不想花太多时间关注，又希望能够打理起来，而我推荐的增额终身寿险正好符合他的需求。

这个案例带给我们两点启示：

（1）试探性沟通很重要。沟通既要面面俱到，又要深入挖掘，时刻关注客户的反应。

（2）中年的早期阶段，正是男性事业的上升时期，再加上有些男性会像张先生那样对事业的关注度特别高，不想在与工作无关的事情上花太多的心思，长期稳定增值、操作简便的保险产品，反而会成为他们的首选。如果保险营销员自身的专业度够高，与这类客户的关系也不错，能得到客户信任，那么成交就会很容易。

》》12.4 展业心得

第一，从客户的需求出发、从帮助客户解决问题的角度出发，这样不仅有利于成交保单，而且有利于我们增加价值感与内驱力。

第二，"风物长宜放眼量"，保险销售不是一锤子买卖，很多时候我们服务的客户可能会成为我们事业上、生活中的助力。

第三，模型思维是客户画像的潜在逻辑。网络上流行一句话，叫"低层次的人总结经验，高层次的人使用模型，最高层次的人使用多模型"。所以，我们要以客户画像模型为沟通起点，以产品与理念讲解模型为沟通基础，以法商模型为沟通助力，结合客户的实际情况，深挖客户的需求，这会对我们完成良好的销售业绩、解决客户的潜在问题与风险大有助益。

第13章　普通投资者

本节老师：张璐璐

>>>13.1　认识客户

在 21 世纪头十年，对于大多数国人来说，理财还是一个比较新鲜的概念。近年来，随着中国经济的迅速发展，人均可支配收入的增多，各种理财工具的普及，人们的投资理财意识在不断增强，新冠肺炎疫情的冲击更是让人们对投资理财产生了新的思考，也进一步催化了大众对保障的需求。

2020 年 8 月，上海高金金融研究院联合支付宝发布的《2020 国人理财趋势报告》显示，近 7 成人愿意拿出工资的 10% 以上理财，近 2 成人愿意拿出工资的 50% 理财，华夏基金总经理李一梅认为"全民理财 2.0 时代到了"。人们的理财意识节节攀升是一个可以通过数据看到的客观事实，但财怎么理，理什么，理得对不对，仍然是诸多投资者的痛点。

保险作为一种金融工具，是投资理财中必不可少的一环，因为它在风险保障方面有着任何其他理财产品都无法比拟的功能，仅从理财的角度说，它也有自己的突出优势。站在保险营销员的立场上，我们都知道这是一个常识，但我们所认为的常识，对客户来说却可能是陌生的知识。面对这种情况，我们应该从哪里入手呢？

接下来，我就从投资理财的角度出发，针对客户群中普通投资者的特点，跟大家分享一下面向这类客户的保险销售逻辑。

首先，我们来看一下普通投资者的特点。

特点一：更重视投资的安全性

不言而喻，普通投资者这个概念是相对于职业投资者得出的。与职业投资者相比，普通投资者的资金实力没有那么雄厚，本金上的差距使得他们当中的大多数人更重视投资的安全性，力求在保证本金安全的基础上追求投资收益。一般来说，普通投资者更加青睐保守型和稳健型投资。

特点二：投资渠道较狭窄，以银行理财产品为主

受制于有限的本金、比较匮乏的投资知识和相对少的打理时间，普通投资者的投资渠道普遍较狭窄。最近几年，因为经济政策的调整和国际环境的变动，"钱生钱"越来越难，频繁发生的P2P"爆雷"事件[1]更加让人胆战心惊。很多普通投资者股票不敢

---

[1] P2P"爆雷"事件：P2P（peer-to-peer lending），即互联网金融点对点借贷平台，是一种通过互联网完成个人间小额贷款的新型借贷模式。P2P直接连接借款人与贷款人，解决了传统银行贷款起点高、流程复杂等问题，为急需融资的小微企业和中小投资者提供了新的融资、投资渠道。P2P"爆雷"指的是P2P平台因为逾期兑付或经营不善问题，未能偿付投资人本金利息，而出现的平台停业、清盘、失联、倒闭等情况。比如，2020年6月，爱钱进App的崩盘，涉及37万个出借人的利益以及200亿元的本金和利息。

动，基金不敢买，投资活动基本上就是围着储蓄、国债，尤其是银行理财产品打转。

特点三：投机心理很重，缺乏正确的投资理财观念

尽管普通投资者很重视本金安全，更加青睐保守型和稳健型投资，但一个令人很意外的事实是，这个以投资避险为导向的群体，反而恰恰最容易遇到风险。因为他们缺乏投资经验和投资知识，热衷于跟风投机，容易患上"成功依赖症"，或者说很容易把运气型的成功归结为成功经验，对隐藏在运气背后的危险视而不见。

特点四：对保险的认识有一定的误区

普通投资者对保险往往缺乏深入的了解，既不熟悉保险的保障功能，人云亦云地认为保险的保障作用虚有其名，也不了解保险的理财功能，有的人认为它的理财功能只是噱头，有的人甚至不知道它还有理财功能。

⟫⟫⟫ 13.2 展业流程

基于普通投资者客户的特点及保险本身的特质，结合我接触此类客户的经验，我总结了一套针对这一群体的保险销售逻辑。

打破客户固有认知

前面提到，大多数普通投资者客户的风险偏好类型为保守型和稳健型，且他们的投资渠道狭窄，主要集中在银行理财产品上。那么，在购买银行理财这类低风险产品时，他们的关注点是什么呢？无非就是：

（1）我的钱放进去安全吗？

（2）这个产品的收益率高吗？

（3）我要用钱的话能随时取出来吗？

这三个问题涉及我们常说的"理财三性"：安全性、收益性、流动性。

除了这三个特性，理财产品还具有第四性，也就是很多老师之前讲过的法律性。如果说"理财三性"是从财商的角度去看待理财产品，"新四性"就是从法商和财商两个角度去看待理财产品。

普通投资者之所以喜欢银行理财产品，主要是因为这些产品更安全。事实真的是这样吗？下面，我们就从投资理财"新四性"出发，看看银行理财产品存在哪些风险。

安全性

关于安全性方面，银行理财产品主要会面临政策风险和市场风险。

其中，政策风险的影响最为重要，也最难掌控。比如，2018年央行、银保监会、证监会、外管局联合印发的《关于规范金融机构资产管理业务的指导意见》（行业内俗称资管新规），武汉科技大学金融证券研究所所长董登新表示："资管新规中一些带有颠覆性的规则出台，将打破传统的刚性兑付，以及过去一些屡禁不止的资金池业务、所谓保本保收益的承诺、虚假营销以及不诚信的行为。"简单来说，政策风险对银行理财产品的安全性、流动性和收益性都有影响。关于"资管新规"的内容暂时说到这里，在后面的案例复盘部分，我将为大家详细解释。

市场风险，指因资产池内相关资产的市场价格发生不利变动，而使资产池发生损失的风险。理财产品募集的资金，会由商业银行投入相关金融市场，但金融资本市场风云变幻，些许波动就会影响理财产品的本金及收益。比如，2020 年最大的"黑天鹅"事件——新冠肺炎疫情，就引起了一系列的金融市场风险。

收益性

银行理财收益及价格指数走势

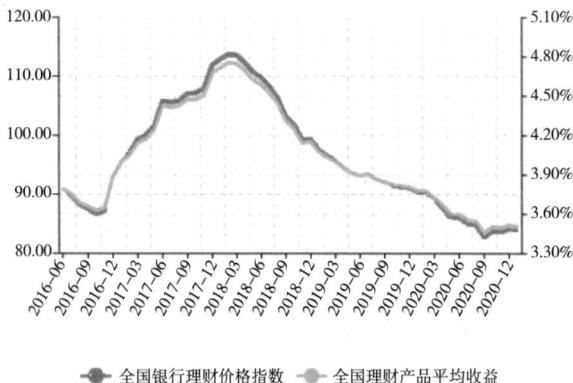

全国银行理财价格指数   全国理财产品平均收益

资料来源：普益标准

上图来自 2021 年 2 月普益标准发布的《全国银行理财市场指数报告》，图中统计了从 2016 年 6 月到 2020 年 12 月全国银行理财收益及价格指数趋势。从中我们可以清晰地看到，2018年 3 月以来，全国银行理财产品收益整体呈持续下降的趋势。报告中还指出，随着多项监管政策逐步落地实施，银行理财产品发行热度有所下降，使得全国银行理财产品发行量下滑。

此外，作为银行理财产品收益风险中最大的风险之一，降息也是绝大多数普通投资者最关心的问题。有关降息的内容，我同样会在案例复盘部分详细解析。

流动性

"现金池"与"现金流"加在一起，才是真正意义上的流动性。"现金池"是指在某一刻有钱花；"现金流"是指无论遭遇什么危机，都能一直有钱花。

银行理财产品在投资期间一般不得提前终止计划，因此它的流动性相对较差，无法确保我们手中有稳定的现金流。

法律性

我们可以从两个维度去理解银行理财产品所面临的法律风险。

第一个维度是权利。所有的金融产品都具有控制权、所有权及受益权，绝大多数银行理财产品都是三权合一的。我们要是转移其中一项权利，要么会产生风险，要么会产生费用。但保险产品不一样，它可以通过合理设置保单架构，实现三权分立，让权利分别属于不同的人，而且权利转移和设置的过程中，也没有风险和费用。

第二个维度是责任。我们可以将金融资产分为责任财产和非责任财产两类。非责任财产是指那些不需要用来偿还个人名下债务的资产。按照一般的民法原则，凡是登记在我们名下的资产，无论是身前的合法财产，还是身后留下来的遗产，都属于责任财产。

《民法典》继承编第一千一百六十三条规定："既有法定继承又有遗嘱继承、遗赠的，由法定继承人清偿被继承人依法应当缴纳的税款和债务；超过法定继承遗产实际价值部分，由遗嘱继承人和受遗赠人按比例以所得遗产清偿。"也就是说，要继承，先还债。这就意味着，银行理财产品收益作为责任财产，不具备债务隔离的功能。而指定受益人的保险理赔金和家族信托、保险金信托等，都属于非责任财产，它们既可以实现债务隔离，又存在税务筹划空间。

从以上理财"新四性"来看，银行理财产品在安全性、收益性、流动性、法律性上都存在一定的风险。保险营销员可以从这四个角度出发，打破客户"银行理财产品最靠谱"的认知，帮助客户建立全面、正确的理财观念。

刚才我们说了，传统的安全性、收益性、流动性可以称为"财商"，法律性一般称为"法商"。考虑到已经有很多老师为大家详细分析过法商，而对保险在投资理财方面的优势讲得比较少，所以，在这一节，我着重从财商的角度入手，讲解如何实现保险的销售。

建立正确的理财观念

心理学研究表明，每个人日常做出的每项决策背后，都有一个行为主体意识到或者意识不到的思维框架在起作用，如果我们有意识地去构建和维护这个思维框架，就可以减少做出错误决策的概率。对普通投资者来说，这个思维框架的核心，就是建立全面、正确的理财观念。

全面、正确的理财观念，包括了安全性、收益性、流动性及法律性。此外，我们还可以从以下角度对客户进行理财观的引导。

具备风险意识

一个成熟的投资者在看待投资项目或者投资工具时，首先看到的应该是风险，而不是收益。

任何一种理财工具，都存在两种风险：一是损失本金；二是本金安全，但没有达到预期收益。损失本金是风险，未达到预期回报也是风险，只不过前一种风险带给人的痛感更强烈罢了。

告诉客户投资活动的风险性，可以帮助他们增强风险意识，形成投资的自我控制力，选择自己承担得起风险的投资工具，理性决策，适当分散投资风险。

坚持量入为出

所谓"量入为出"，就是要根据收入的多少来确定投资限度。我们理财的最终目的是更好地生活，在保证家庭财务安全的基础上，实现家庭整体资产的保值和增值。因此，合理地配置理财产品中的资金比例，是关键的一步。

很多投资者错误地将理财理解为以小博大，赚更多的钱。为了获得更多的收益，他们不惜将大部分资金投入进去，孤注一掷，导致自己没有可支配的现金流应对突发情况。一旦发生亏损，或者发生意外事件，家庭生活就会受到严重影响，这就与我们理财的目的背道而驰了。

我们可以以"4321家庭资产合理配置比例法则"作为参考，将家庭资产的40%用于投资，30%用于生活支出，20%存到银行，10%买保险。

重视长期规划

一直以来，有很多投资者追求短炒、赚快钱，期望在最短的时间内快速获得收益，缺乏长期规划理念。我们前面提到过"现金池"与"现金流"这两个不同的概念，有些投资者失败的原因就在于，太过重视"现金池"，却忽视了"现金流"的重要性。

子女教育、个人养老、疾病、意外……人处于不同的年龄段，需要应对的风险问题也不相同，因此我们需要有长期规划，把每个人生阶段里必须用的钱准备出来，规划好自己的现金流。具体来说，就是通过制订长期规划方案，利用不同的理财工具，让自己拥有稳定的现金流。

兼顾投资与保障

保险与银行、证券、信托并称为现代金融体系的四大支柱，除了短期开销、投资增值，科学的理财计划中必然会有保险的一席之地。但很多普通投资者对保险的认识比较粗浅，既不了解保险的保障功能，也不了解保险的理财功能。

人生无处不风雨，房子、车子是财产，生命、健康同样是财产，如果不给这些财产加上保障，当意外来临时，我们拥有的一切，就可能化为泡影，而保险最为核心的功能就是保障。因此，除了家庭资产的保值和增值，我们还要提高家庭的抗风险能力。关于这一点，其他老师讲得比较多，我在这里就不多说了。

帮助客户建立正确的理财观念，是保险营销员向普通投资者群体切入保险的关键一步。如果客户始终坚持原来的理财观念和方式——看重收益，盲目跟风，那么我们是很难打动这类客户的。需要注意的是，在这个过程中，不要直接否定客户原有的投资方式，而是要以温和、专业的态度，有理有据地为客户分析利弊。这要求保险营销员不光要具备扎实的保险专业知识，也要对客户的投资理财领域有所涉猎。

提供综合解决方案

成功地让普通投资者客户意识到长期规划的必要性、合理配置家庭资产的重要性之后，你与客户成功签订保单的概率将大大提升。接下来，我们就需要发挥自己的专长，为客户提供一份以保险为主体，兼顾金融和法律方面的综合解决方案，解决客户多方面的需求。

≫ 13.3 案例复盘

下面是我与一位钟爱银行短期理财产品的普通投资者客户成交保单的过程，最后的成交结果是一张交费 5 年，年交 10 万元的年金险保单。

客户基本信息

王女士，家庭金融资产 100 万元，其中 80 万元已经连续三年用于购买银行的短期理财产品。此外，她偶尔也会买国债和货币基金，余额宝里长期放着 10 万元。

分析以上信息，我们至少能够得出三个结论。

（1）客户偏好稳健型理财产品。在她的金融资产配置当中，大多数是银行理财产品、国债、互联网理财产品这一类安全性较高的理财工具。在资金相对安全的前提下，她还会关注收益，这从她偶尔会买点基金就可以窥见。

（2）客户的理财产品中没有保险类产品，不难看出，她对保险不感兴趣，这可能是因为她不知道保险有理财功能，也可能是因为她觉得保险收益不高，见到收益的等待时间也长。在与客户的前期沟通中，我发现她没有购买保险类产品是因为后者。

（3）客户是一位聪明的理财者，在如今这个互联网时代，越来越多的人选择从单一的银行储蓄模式变为银行储蓄、余额宝、货币基金三种模式。王女士将三者结合起来，既能享受到收益，又能解决部分现金流问题。

打破客户固有认知

客户将80万元资金全部用于购买银行短期理财产品，因为她认为银行短期理财安全性强、收益稳定。此时我们要做的，就是我在展业流程中提到的第一步——打破客户固有认知，从"理财新四性"出发，利用事实数据告诉客户，银行理财没有她想象中的那么安全。

与客户面谈时，我经常以问答的形式与客户交流，这样能保证我与客户的谈话有来有往，并能最大限度地集中客户的注意力。此外，为了增强说服力，建立专业、负责的理财顾问形象，我还提前整理了一些客户熟悉的银行理财产品的历年收益率，放到展业夹里，讲到相关内容时就拿出来给客户看，帮助客户更直观地理解我的意思。根据我的实务经验，相比直接给客户放一个1年期基准利率降息图，这种做法的效果要好得多。

下面是我从财商角度入手，为王女士分析的银行理财产品存在的风险：

（1）资管新规带来的政策风险。

（2）利率下行带来的收益风险。

（3）缺乏长期规划带来的流动性风险。

问题一："您那么喜欢在银行买短期理财产品，主要是因为觉得银行的理财产品都很安全是吗？"

无论客户的回答是肯定还是否定，我们都可以从屡试不爽的"开聊神器"——资管新规来切入话题。也就是说，从理财安全性存在的政策风险入手。

保险营销员可以先用三到五分钟时间，给客户讲清楚资管新规到底是怎么一回事。在这个过程中，我们最好事先准备一些文字资料，如新闻热点报道，随时展示给客户看。

我是这样切入的：

像您这样这么关注理财的客户，我建议您多了解国家的相关政策，这对您理财的影响还是挺大的。依我来看，现在对您影响最大的是《关于规范金融机构资产管理业务的指导意见》，也就是现在大家热议的资管新规，我给您简单介绍一下吧。

资管新规对您的影响主要有两方面：

首先，保本型理财产品以后会越来越难买。

刚才我听您说，以前您在银行购买短期理财产品，从来没有发生过亏本的情况。其实这是反常的，因为任何投资理财行为都会有风险，以前您没有遇到过风险，是因为风险被资金池转嫁了，您购买理财产品得到的收益，是银行或中介机构用资金池里的钱去投资各种金融项目得来的。资金池的作用是兜底，把普通投资者的风险降到最低，即使某个投资项目出现问题也没关系，反正普通投资者不会吃亏。

可是，随着资金池规模扩大和风险资产的增多，资金池崩溃的风险也会不断增加，近年来一再爆发的P2P"爆雷"事件就是这种问题的反应。为了防止这种风险，资管新规规定，以后禁止设置资金池，并且禁止滚动发行。

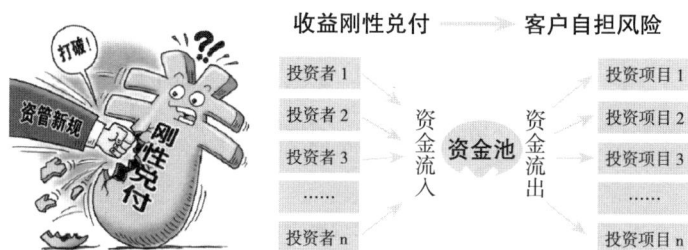

"安全"的理财产品可能没有了

　　我给您举个例子，您就明白什么是滚动发行了。如果有一个传媒文化公司向银行借款 1 亿元打造一个影视城，借款周期 1 年，年利率 10%。作为中介机构，银行就得通过发行理财产品融资，如果发行 1 年期的产品，像您这样的客户觉得时间长，可能就不会购买。所以，为了吸引融资，银行就会把 1 年期的产品拆分成 4 期，3 个月一期，一期到了再发下一期，这就是滚动发行。您买的为期几十天、两三个月的理财产品就是这么来的。不过，您需要知道，银行这种把长期拆分成短期的融资方式风险比较大，资金链一旦断裂，后果是难以想象的。

　　一方面禁止设立资金池，另一方面禁止滚动发行，资管新规双管齐下，对于普通投资者来说，这就意味着投资风险的增加，以后再在银行购买理财产品就需要自负盈亏。从现在到2021 年年底是缓冲期，缓冲期一过，短期理财产品以后就要绝迹了。

产品期限灵活 　　　　　　　**需要结构匹配**

1年期借款，借款额1亿元，年利率10%　　1年期借款，借款额1亿元，年利率10%

允许
滚动发行　　　　　　　　　不允许
滚动发行

3个月　3个月　3个月　3个月　　　　1年期借款，借款额1亿元，年利率10%

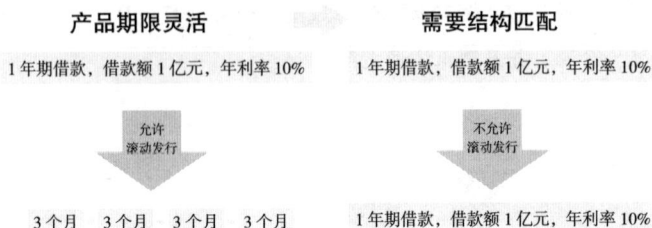

"短期"的理财产品可能没有了

其次，银行将会推行净值化理财产品。

净值化理财产品，就是定期公布收益率，不再有预期收益率，盈亏由市场说了算的产品。以前您买理财产品的时候，差不多都会在产品说明中看到固定投资期限和预期收益率，购买期限到期后，也差不多能拿到预期收益。但资管新规实施后，这类产品基本上会变成非主流，取而代之的将会是净值化理财产品，比如股票、基金之类的权益型产品。

您经常购买理财产品，肯定知道，这类理财产品的特点是"朝不虑夕"，今天的收益不代表明天的收益，早上的收益不代表晚上的收益，银行不当中间商赚剪刀差，也不承诺固定收益，甚至不承诺收益。

因此，现在能实现刚性兑付的金融产品只有三种：一是定期，二是国债，三是保险。这对您的影响是，获得收益的时间会越来越长，产品收益率也会随市场浮动。

确定预期收益   资产净值浮动

理财产品名称	产品成立日	最新净值日期	最新单位净值	同期业绩比较基准
2018年第280期（一个月定开净值型）	2018-6-1	2020-3-30	1.0749	3.40%
2018年第184期（一个月定开净值型）	2018-6-24	2020-3-25	1.0739	3.40%
2018年第340期（三个月定开净值型）	2018-6-14	2020-3-35	1.0736	3.60%
2018年第318期（三个月定开净值型）	2018-6-3	2020-3-18	1.0722	3.60%
2018年第282期（三个月定开净值型）	2018-6-10	2020-3-9	1.0747	3.60%
2018年第297期（六个月定开净值型）	2018-6-12	2019-12-10	1.0655	3.70%
2018年第319期（六个月定开净值型）	2018-6-22	2019-12-28	1.0652	3.80%
2018年第203期（九个月定开净值型）	2018-6-2	2019-11-21	1.0736	3.80%

"固收"的理财产品可能没有了

在参考话术里，我已经用通俗易懂的语言，把资管新规的重点内容表述出来了。保险营销员可以作为参考，也可以加入自己的理解。但要记住，与客户沟通的核心在于把专业的问题简单化，让客户能听懂，否则我们的专业就没有用武之地。

问题二："既然银行理财产品的收益率会随着市场浮动，那么您还记得您买过的理财产品中收益率最高是多少吗？"

这个问题会让客户很有参与感。王女士作为一名长期购买短期理财的客户，对降息这件事情有深入骨髓的"痛"。

客户经常购买某银行的一款非保本的短期理财，理财周期为180天。从整体的趋势来说，除了2017年年末到2018年上半年收益率有微幅增长，这款理财产品的收益率都是在逐步下降的。

王女士问我："为什么会这样呢？"此时，让客户对我建立信任的机会来了。我是这样跟客户解释产品的微幅增长的：

其实原因主要有两方面：一方面是因为到年底的时候，银行资金一般会比较紧缺，希望通过提高短期理财产品收益率，来吸引更多的存款。另一方面是因为那一时段正处在金融市场去杠杆阶段，而且世界主要经济体正在经历阶段性的通货紧缩，我们也受到了影响，中国货币市场利率就往上攀升了一点。但是，这个上涨是一个非常短暂的过程。

您可能已经发现了，从2018年下半年起到现在，这个产品的收益率一直呈下降趋势，而且是相对大幅的下降。为什么在2018年下半年开始下降呢？我刚才已经提到，资管新规是从2018年4月开始实施的。所以您看，资管新规对于理财产品，尤其是对短期理财产品的影响是不是真的很大？

王女士购买的这个产品，从2018年2月的最高点5.25%，降到了2020年4月的3.85%，经过再次查询，她发现2020年5月的收益率又降了，降到了3.8%。

那么理财收益率在这些年的持续下降，除了资管新规这种政策性因素影响，还有什么其他的原因吗？有没有市场的原因呢？

在这里，我们需要提到影响利率的另外一个重要因素——GDP（国内生产总值）增速。关于利率和GDP增速的关系，凯恩斯学派认为，利率与现实经济的增长是反向变动的关系。这句话的意思是说，在完善的市场机制下，利率越低，越能刺激经济的发展，促进GDP的增长。特别是在经济萧条的大环境下，利率一降低，老百姓会发现储蓄理财的收益率也在降低，与其把钱存着或者理财，还不如拿去消费、去做投资，因为贷款利率也会降低。投资多了，需求多了，GDP增速自然也就提升了。

这个理论到底对不对呢？我们可以看一看世界上主要国家或

经济体的利率情况。

世界上主要国家或经济体利率情况

	国家	现行基准利率（或类基准利率）	上次升降基点	上次升降时间	总结
发达国家	美国	0.25%	−150BP[1]	2020.3	发达国家和地区：GDP增速较慢，人口红利下降，CPI[2]普遍较低
	瑞士	−0.75%	—	—	
	澳大利亚	0.25%	−25BP	2020.4.27	
	加拿大	0.25%	−100BP	2020.4.15	
	韩国	0.75%	−50BP	2020.4	
	英国	0.10%	−65BP	2020.3	
	欧元区	0%	—	—	
	日本	−0.10%	—	—	
发展中国家	南非	5.25%	−125BP	2020.3	发展中国家：GDP增速较快，人口红利高，CPI普遍较高
	印度	3.75%	−40BP	2020.4	
	巴西	3%	−75BP	2020.5.7	

数据来源：东方财富 Choice 数据

经过我的引导，王女士发现，那些 GDP 增速相对较快的发展中国家，利率一般都比较高，CPI 也比较高，因为他们有各种人

---

[1] BP：基点（Basis Point），英文缩写为 BP，是债券和票据利率改变量的度量单位。1 个基点等于 0.01%，100 个基点等于 1%。
[2] CPI：消费者物价指数（Consumer Price Index），英文缩写为 CPI，是反映与居民生活有关的产品及劳务价格统计出来的物价变动指标，通常作为观察通货膨胀水平的重要指标。

口红利可以拉动经济增长，不需要通过降息的方式去刺激经济，靠经济的自然发展就可以保持高速增长。

与发展中国家相比，GDP 增速相对低的发达国家情况完全不一样，它们的利率甚至有点惨不忍睹，基本上常年都在零利率和负利率之间徘徊。这是因为发达国家人口红利普遍在下降，老龄化严重，人力成本高，CPI 也没有那么高，也就是我们常说的钱很保值，在这种情况下，大家都不愿意轻易投资。因此，这些发达国家往往需要长期保持低利率水平去拉动 GDP 增长，去刺激投资和消费。有一些国家甚至推行双向负利率，即存钱负利率，贷款也负利率，说白了就是为了鼓励人们找银行贷款，不仅免息，还倒贴利息。

因为疫情的影响，全球金融都受到了一系列冲击。为了刺激经济增长，现在有很多国家采取积极的财政政策、宽松的货币政策去救市，挽救 GDP，降息降准就是一种很重要的手段，而且很多国家的降息速度一再加快，比如阿根廷一连降了五次，美国直接降到 0。简单地说，因疫情带来的全球性金融衰退是不可避免的，我们将再次迎来一波新的降息潮。我们中国有没有可能独善其身呢？不可能。我们常说世界离不开中国，但中国更离不开世界。

面谈过程中，聊到这个问题的时候，王女士问我："既然如此，为什么我国还不降息？"

针对这个问题，我跟她提到了超额存款准备金利率[①]。当时，

[①] 超额存款准备金利率：中央银行对超额存款准备金计付利息所执行的利率。超额存款准备金是金融机构存放在中央银行、超出法定存款准备金的部分，主要用于支付清算、头寸调拨或作为资产运用的备用资金。

我们国家的超额存款准备金利率已经做了 12 年以来第一次下调。长期以来，它都被看作央行政策利率走廊的下限，如果这个下限被打开，未来利率降低就有了无限的想象空间。

当然，我们肯定不会像欧美一样施行"大水漫灌"的货币政策，一下子连续降息降到 0，但是作为最后的撒手锏，降低存款基准利率，也就是我们常说的降息，大概率已箭在弦上。退一万步讲，即使我们一直保持"克制式"结构性宽松的态度，理财产品收益下降也是无法改变的问题。事实上，在超额存款准备金利率下调的当天，余额宝就已经率先降息，利率自 2013 年以来第一次降到 2% 以下。所以，王女士的那款 180 天的理财产品在 2020 年 5 月也降到了 3.8%。

中国虽然不是发达国家，但这几年的 GDP 增速状态在全球范围来看还是不错的，可是和自己相比，我们在 2019 年四季度 GDP 的增速只有 6%，相当于创了近年来的历史新低。我认为，以前那个 8%、12% 的 GDP 高速增长的时代，也就是典型的发展中国家的时代，已经一去不复返了。同样，曾经的那个定期利率 5%，短期理财能够达到 6% 甚至 7% 的时代也一去不复返了。其实，中国在新冠肺炎疫情之前就一直在降息，突如其来的疫情只是风助火势而已。

讲清楚这个逻辑之后，我告诉客户：

如果您经常关注银行的理财产品，就会发现，理财收益率一年不如一年，去年 2 月至 3 月，您或许还能在银行买到 3 个月收益率 4.5% 左右的理财产品，现在能抢到 4% 的都已经不是件容易的事情了。

近年来，咱们国家实际上每年都在降息，今年又加上新冠肺炎疫情的影响，理财产品的降息幅度相比去年可能会更大，降息速度可能也会更快。所以咱们要做好心理准备。现在还能偶尔看到 3.5%，说不定年底的时候就会降到 3%，这都是很有可能的。

再加上根据资管新规规定，2021 年年底银行理财要实现净值化，到时候别说 3%，能不能保本可能都是一个未知数。而且，这种低利率的现状未来可能要持续很多年，毕竟中国在朝着发达国家努力嘛！因此，在利率不断下行的情况下，我建议您增加中长期固收产品的比重。

有两种理财产品任您选择，一种是固收时间短的产品，另一种是固收时间长的产品，这两种理财产品的安全性都很强，收益率也差不多。如果投资固收时间短的产品，您就会发现，产品的收益率一期不如一期。所以我建议您选择固收时间长的产品，这样可以提前锁定收益，抵御降息带来的风险。比如，大额存单可以锁定两到三年的固定收益，国债可以锁定五年的固定收益，年金保险可以锁定更长时间的固定收益。不过，至少目前没有任何一种金融产品能够像年金保险一样，锁定未来十年、二十年，甚至更长时间的收益。最关键的是，年金保险的收益还很稳健，如果长期持有，收益率达到 5% 以上都是可期待的。

讲到这里，客户对银行理财产品的固有认知就被打破了。此时再传递增加中长期固收理财产品的益处，大部分客户自然而然地就会产生了解的兴趣。但这时候，客户往往会问到一个很关键的问题："你讲的我都赞同，但是二三十年时间还是太长了。如果我中间要用钱怎么办呢？"如果出现这种情况，我们可以反过来问客户一个问题——

　　问题三："如果您真的急需用一笔钱的话，您觉得什么产品可以快速变现呢？"

　　客户的回答是，封闭在短期理财产品里的钱虽然拿不出来，但可以把大额存单或者购买国债的钱取出来。针对这个回答，我是这样与客户沟通的：

　　没错，这是一个办法，但这样做的话，您的预期收益可能会受影响，最重要的是，一旦这样做，您就永久丧失了继续获得相应投资收益的机会。

　　事实上，您之所以会遇到急需用钱的问题，原因之一就在于您的家庭资产配置不均衡。不然，您完全可以既拥有投资收益，又能保持资产的流动性。简单来说，就是您该理的财照样理，同时手里有一部分无论遭遇什么事，都能够随时支配的现金流。

　　想要达到这个目的，"专款专用，定时定向定量"很重要，比如，五个月后买车要用的钱，现在就做一个五个月的短期理财或货币基金；两年以后孩子上学要用的钱，现在就存一个大额存单；怕突发意外和疾病要花钱，就给自己和家人配置一些保障型的保险；10 年、20 年以后要退休养老的钱，可以给自己配置一个年金保险做养老补充。这样的话，孩子有钱去上学，自己有钱去养老，病了有钱去看病，花任何一笔钱都不会影响其他部分的规划。

　　您这样配置家庭资产，短期和长期都有，收益和保障兼顾，还能保证手中有持续的现金流。今后遇到任何风险，都可以从容应对。

王女士听了我的解释，立即心动了，让我详细给她讲讲应该如何配置资产，都有哪些理财工具。

通过这一问，我帮助客户意识到了合理配置家庭资产的重要性，也让她认同了我提出的"定时定向定量"配置原则。在此基础上，我们就可以顺势切入保险话题，告诉客户，适当配置一些能够匹配生命周期的保险产品，可以提供持续的现金流。

以上就是我从投资理财的安全性、收益性、流动性三性出发，为客户讲清银行理财产品的变化，并启发客户建立更为全面的理财观念的过程。但就像我前面提到的，这仅仅是从财商的角度进行剖析，除此之外，保险营销员还可以从法商的角度做深入探讨，相信还可以找到客户更多的痛点。

建立正确的理财观念

实际上，在上一步的"打破客户固有认知"中，我就已经在潜移默化地帮助客户建立更为合理、全面的理财观念了。以下，我再从三个方面做一些简单的总结。

具备风险意识

跟客户讲解投资理财的政策风险——资管新规时，就是给客户灌输风险意识的最佳时机。正所谓天下没有免费的午餐，风险和收益是相生相伴的，没有风险的投资理财机会根本就不存在，

"买者自负"是市场经济的基本原则，也是投资者享有权利和收益时必须履行的义务。

王女士没有足够重视银行理财的风险性，直至我为她做具体分析之前，她都对银行理财的安全性深信不疑。因此，与客户沟通资管新规，可以很好地让客户了解银行理财存在的风险。

重视长期规划

除了从锁定长期收益方面引导客户配置中长期理财产品，还可以从长期规划的益处，即提前为自己准备一笔稳定的现金流，以应对不同人生阶段可能面临的风险出发，帮助客户意识到增加中长期理财产品比重的必要性。王女士偏好安全性强、收益稳定的理财产品。保险产品既可以满足她对收益的要求，也可以保证她无论面对什么风险，都能有一笔资金解燃眉之急。

兼顾投资与保障

王女士钟爱短期理财产品，缺少长期规划，家庭资产配置不均衡，尽管手里有少许的可支配资金，但一旦遇到重大意外风险，被锁定的资金无法拿出来，光靠手中的活期恐怕很难解决问题。我在提到最后一问时，说到了科学、合理配置家庭资产，坚持"定时定向定量"原则的重要性，这其实就是在帮助客户要意识到兼顾投资与保障的问题。

除了以上三点，保险营销员在为客户讲解家庭资产配置时，还可以引入"量入为出"原则，为客户普及更多你认为对方需要具备的理财观念。一旦客户的理财观念不再"偏颇"，我们切入保险话题也就容易很多了。

提供综合解决方案

与客户沟通三个问题的过程中，我提到了三种中长期固收理财产品，包括大额存单、国债和年金保险。对于疾病和意外，我推荐客户为自己和家人配置保障型保险，如重疾险、意外险、百万医疗险等；对于个人养老，可以配置年金险以补充养老金；对于子女教育，配置年金险、大额存单都可以保证专款专用。最终王女士选择配置年金险，保单的投保人是她自己，被保险人是孩子。

从王女士的案例可以看出，向普通投资者销售保险，归根结底，我们要让客户明白，配置保险的目的不是赚取高额的收益，实现利益最大化，而是用法律契约平衡财富与生命的关系，用财富管理和法律手段维持一个及时、稳定、源源不断的现金流。

以收益为切入点的销售的确很容易引起客户的兴趣，但是真正让保单落袋为安的还是规划，可以是法商规划，可以是中长期人生规划，可以是资产配置规划，也可以是全面的风险保障规划。

以上就是我从财商角度出发，与普通投资者客户成交保单的全过程。根据我的实务经验，通过这个方法向普通投资者客户销售保险，在实战当中的成功率比较高。所以，我建议各位也照此去实践一下。

⟫⟫ 13.4 展业心得

最后，我想分享几个针对普通投资者客户销售保险的建议。

不要轻易否定客户的投资理财和资产配置习惯

比如案例中的王女士，我不会直接和她说："您不要再买短期理财了，短期理财不好。"每个人的投资偏好都是不一样的，如果我们直接否定客户的理财习惯，容易适得其反。但我们可以用战术调整代替战略变更，在坚持客户原来的资产配置战略的基础上，帮助客户适时进行战术上的微调。

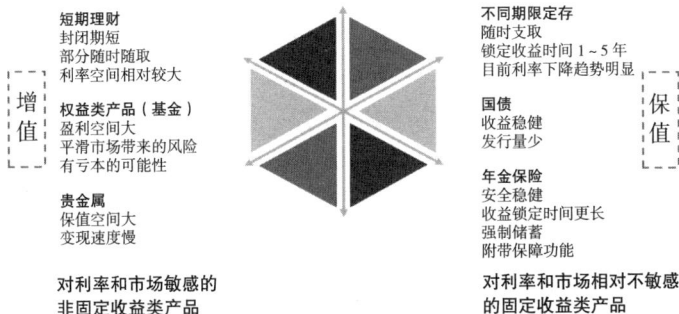

短期理财
封闭期短
部分随时随取
利率空间相对较大

权益类产品（基金）
盈利空间大
平滑市场带来的风险
有亏本的可能性

贵金属
保值空间大
变现速度慢

**对利率和市场敏感的
非固定收益类产品**

增值

不同期限定存
随时支取
锁定收益时间 1 ~ 5 年
目前利率下降趋势明显

国债
收益稳健
发行量少

年金保险
安全稳健
收益锁定时间更长
强制储蓄
附带保障功能

**对利率和市场相对不敏感
的固定收益类产品**

保值

上面这张图表，包括了部分金融理财产品特点。左侧是对利率和市场敏感的非固定收益类产品，右侧是对利率和市场相对不敏感的固定收益类产品。

面对不同的经济环境，要有不同的投资侧重点。全球金融市场在目前及今后很长一段时间内，可能都会处于较为低迷的状态，此时我们可以建议客户适当地增加右侧这些对利率和市场相对不敏感的中长期固定收益类产品的比重，如定存、国债、年金保险等。这样做不仅能够帮客户度过经济周期，抵御降息带来的风险，还能实现资产的保值。

当然，市场不会一直低迷下去，它会有阶段性的繁荣。所以，在市场低迷时，客户还可以适当地增加基金定投类的稳健型的权益类产品，这样在未来市场从低迷走向阶段性繁荣时，可以帮客户实现资产增值。

这样与客户沟通，我们的保险销售会显得更加客观和理性。

不要一上来就谈保险

向普通投资者客户销售保险时，不要一上来就谈保险。我们要先引入客户关心的或与客户切身利益相关的话题，比如资管新规，它对于普通投资者客户来说是个很好的话题切入点。

此外，也不要只谈保险。我们要给客户提供综合的解决方案，让客户来做选择。但是，我们的最终目的是向客户销售保险，所以大家在选项上要增加更多的心理暗示，告诉客户，保险是最优选择之一。

复杂问题简单化，专业问题浅显化

针对普通投资者客户的保险销售，我们要尽量把复杂的问题简单化，把专业的问题浅显化。本文中出现的很多专业知识，是希望帮助保险营销员对普通投资者关心的内容有更深入的理解，这样当客户提出疑问的时候，我们就知道如何为客户解答了。

无论是讲解金融知识，还是保险知识，保险营销员都要尽量剔除那些与你的销售目的无关的专业知识，学会用问句引导，用通俗易懂的语言去沟通。能不能让客户对你建立信任，是销售成败的关键因素之一。

作者简介

沃晟学苑简介

沃晟学苑（又名沃晟学院）是一家法商培训及顾问服务机构。自 2011 年起，中国金融财富界掀起了一阵"法商演讲学习"热潮，来自王芳律师家族办公室法税团队的老师们，为数百家金融机构、数万名听众进行了近千场演讲，正式开启了中国财富法商新时代。

为了更好地服务金融财富界的朋友，团队的六位老师王芳、古致平、李爽、黄利军、薛京、冯鹜以创始合伙人的身份，筹建了中国第一家法商教育机构——沃晟学苑。

沃晟学苑集结知名专家，专注于私人财富管理与传承，致力于法商智慧的传播。迄今为止，沃晟学苑已经成功打造了线上、线下全平台服务体系，设立了家族财富法商培训系统，培养了境内外数以万计的业界精英，为众多管理机构、高净值家族客户提供了全球化、一揽子的综合服务解决方案。

沃晟学苑以自有师资明星化、学员国际化、培训技能实用化、培训教育网络化、培训课程多元化、跨界创新化为六大特色，为客户提供法商教育、专家咨询、顾问行销、客户沙龙讲座、机构内部培训、FO 项目服务、尊享私人顾问、线上平台、沃晟法商研究会、全球资源库十项服务内容。

沃晟学苑还擅长为中国诸多高净值客户提供家族企业传承规划、家业企业风险隔离、移民税务筹划、国际 CRS 税制规划、家族治理、家族宪法、家族信托、婚姻财富保护、企业股权规划改制等诸多创新服务，并担任中国诸多私人银行、保险公司、第三方理财公司、家族办公室公司的常年法税顾问。创始合伙人王芳律师连续六年荣获国际权威评级机构"钱伯斯"授予的"亚太地区私人财富管理第一等律师"殊荣。

团队因其高水准的专业服务，荣获了诸多的国际国内荣誉奖项，并出版了行业畅销书籍——《66 节保险法商课》《家族财富保障及传承》《CRS 全球新政实操指南》《从保险代理人到财富顾问》《私人财富与股权纠纷》《从保险法到私人财富管理》《家族财富非常道》，销量总计突破 50 万册，获得读者广泛好评。

冯鳌

简介

沃晟学苑创始合伙人

注册会计师 / 注册税务师 / 美国加州律师

王芳律师家族办公室专业顾问

《21 世纪经济报》《中国税务报》特约供稿人

"复旦大学家族 CFO 私董班"课程老师

美国注册财务策划师学会（RFPI）授课老师

认证私人银行家（CPB）授课专家

2017—2020 亚太财富论坛薪火奖"优秀家族财富规划师"

国内多家银行，保险、信托、移民、第三方财富管理公司法律顾问

国内多家银行私人银行部法律服务团队成员

彭静瑞

简介

沃晟学苑高端客户法商营销实战专家

第一财经·RFP 评选 "2019 年度最佳理财培训师"

2019 亚太财富论坛金臻奖 "优秀私人财富规划师"

国内多家银行总行、省行特约授课讲师

专注于财富管理与规划领域

谭啸

简介

沃晟学苑知名讲师（特级）

家族财富管理专家

2019—2020 亚太财富论坛薪火奖"优秀家族财富规划师"

2018 亚太财富论坛金臻奖"优秀私人财富规划师"

认证私人银行家（CPB）授课专家

南开大学、山东大学 MBA 客座讲师

多家金融机构总部签约合作讲师

专注于私人财富、法律、税务风险管理研究及实践

钟志政

简介

沃晟学苑签约讲师

华夏保险上海分公司银保训练处负责人

AFP 金融理财师持证人

擅长一对一财富保障服务，成功运作多笔保险金信托业务，总规模超 3 亿元

张剑

简介

隽弈学苑创始合伙人

北京恒都律师集团特殊资产部特聘顾问

家族财富私董会项目创始人

擅长婚姻资产保全及家族财富传承

曾为国内多家银行提供法商培训及法商讲座服务

汪恒

简介

企业家家企财富、税务筹划咨询顾问

马中教育文化交流协会（MCECIA）常务理事

山东大学金谛文化交流中心研究员

国内多家银行私人银行部法律顾问

梁 磊

简介

隽弈学苑执行院长、创始合伙人

隽弈家族财富私董会总负责人

第一财经·RFP评选"最佳理财培训师"

高端客户面访实战专家

喜马拉雅签约法商课程讲师

闫雪丹

简介

全球百万圆桌会议（MDRT）会员

国际龙奖（IDA）会员

中国保险营销精英联盟会员

中国保险业"特级诚信营销员"

新华保险精英俱乐部钻石会员

新华保险首届十大杰出风险规划师

2009年新华保险产品品牌推广形象大使

国际认证财务顾问师协会（IARFC）认证财务顾问师

特许私人财富管理师（CPWM）

李厚豪

简介

银行与保险领域实战营销培训专家
清华大学出版社签约作家
多本金融畅销书作者
国内多家银行总行特聘授课专家
特许私人财富管理师（CPWM）

杨宁昱

简介

中意人寿银保部总公司培训中心负责人

中国保险业金牌讲师

国家一级理财师

电视访谈类节目《大王小王》《金牌律师团》特邀理财专家

专注于银行金融零售业务资产配置与保单架构设计

曾为多家国有及股份制商业银行总行进行现场授课指导

杜 涛

简介

理财规划师国家职业资格认证（ChFP）认证理财规划师
2020 亚太财富论坛金臻奖 "优秀私人财富规划师"

启东
简介

曾任中信保诚个险销售代理人、中银三星人寿北京分公司讲师
2017 年 12 月《中国保险报》整版专访
专注于私人财富管理领域
每年开展产品培训、销售培训近百场

张璐璐

简介

沙龙项目运作专家

高端客户服务专家、财富管理专家

第一财经·RFP评选"2020年度最佳理财培训师"

北京恒都律师集团特殊资产部特聘法律顾问

多家银行、保险公司等金融机构特邀培训讲师

联系沃晟学苑：

新利红（沃晟学苑总经理）

电话（同微信）：185 1825 5073

李　宁（沃晟学苑教务部）

电话（同微信）：136 7111 9943

赵　璐（沃晟学苑人力资源部）

电话（同微信）：138 1005 4530

客服（免费法律咨询）：136 5136 1051

扫描二维码，关注
沃晟学苑微信公众号

扫码二维码，下载
沃晟学苑App